나를 확 바꾸는

시크릿 독서법

나를 확 바꾸는 시크릿 독서법

지은이 | 민도식
펴낸이 | 방현철

1판 2쇄 찍은날 | 2010년 7월 15일
펴낸곳 | 북포스

출판등록 | 2004년 2월 3일 제313-00026호
주소 | 서울시 영등포구 양평동5가 18 우림라이온스밸리 B동 512호
전화 | 02-337-9888
팩스 | 02-337-6665
전자우편 | bhcbang@hanmail.net
홈페이지 | www.bookforce.co.kr

ISBN 978-89-91120-42-6 03320

나를 확
바꾸는

시크릿
독서법

민도식 지음

북포스

나를   확
바 꾸 는   실천
CONTENTS   독서법

'책의 선택은 인생의 선택이다'라는 말이 있다. 많은 질문을 통해 자신만의 길을 걸어가야 하는 사람들에게 냉철하면서 따뜻한 조언을 해 줄 수 있기 때문이다.

독서에 관한 책이 계속 늘어나는 이유는 읽어야 할 시간은 부족한데 읽어야 할 것들은 많다는데 근거하거나, 독서를 통해 성장하고자 하는 사람들의 욕구가 강해지고 있기 때문이다. 또 지식기반 사회를 맞아 스스로 자기성장을 하지 않으면 낙오할 거라는 위기감도 한 몫을 한다.

독서 삼매경에 빠져 자신의 발전을 이룬 작가가 자신의 노하우를 공개하여 일반 독자로 하여금 보다 나은 성과를 얻도록 하고자 함이 출판의 주된 목적일 것이다. 하지만 그러한 책들이 일반 독자들의 궁금증을 풀어주거나, 성장을 하고자 하는 독자의 요구를 제대로 채워 주느냐에 대해서는 여전히 논란거리가 있다.

오래도록 책 주변을 맴돌면서 매년 100여 권 이상 정독하면서 늘 궁금한 게 많았다. 어느 날 '자기를 혁신하는 실천적 독서법'과 '창조적 책읽기'란 주제로 강의를 하면서 일반 독자들도 나와 같은 경험을 했다는 것을 알게 되었다. 이런 궁금증을 해소하고자 용기를 내어 이 책을 적게 되었다. 궁금증을 크게 추려보면 아래와 같다.

1. 나는 제대로 책을 읽기는 하는 것일까?
2. 다른 사람은 무엇을 기대하고 책을 읽을까?
3. 책을 읽는 것과 읽지 않는 것과의 차이는 무엇일까?
4. 책을 통해 성장하고 성공한 사람은 누구일까?
5. 독서를 통해 성장한 사람들이 남겨준 독서법은 어떤 것이 있을까?
6. 일반 독자들이 독서에서 가장 어려워하는 부분은 무엇일까?
7. 읽은 책을 삶에 적용시키며, 보다 나은 성과를 연결시키는 방법은 없을까?

관련된 책을 많이 읽어 보았다. 독서를 좋아한다는 리더들에 대해서도 연구를 해 보았다. 비슷비슷한 내용을 담은 것이 많았고, 자신의 독서내공을 자랑한 것들도 많았다. 읽어서 도움이 되는 책도 있었고, 읽어서 오히려 혼란만 가중시키는 책들도 있었다. 책을 좋아하는 필자의 느낌이 이런데, 일반 독자는 어떠할까? 좀 더 실천 가능한 방법은 없을까?

스스로에게 던진 질문과 강의 및 세미나에서 느낀 것들을 토대로 답을 찾아가고자 했다. 독서이력이 짧은 독자거나 적은 양을 읽는 독자라 하더라도 기회비용을 투입한 만큼 개인의 성장에 도움이 되고 진정한 자신을 찾아가는데 도움이 될 방법을 찾고자 했다. 성공한 리더들의 독서법과 다양한 방법을 연구했다. 독서를 통해 누구나 바로 적용 가능한 방법을 '자신을 확 바꾸는 실천독서법'이라고 칭하기로 했다.

필자는 큰 욕심을 부리지 않았다. 1달에 1권씩 12권의 책을 읽을 수 있는 시간을 내는 것만으로도 자신을 좀 더 발전적으로 성장시킬 방법을 연구하고 싶었다. 책도 제대로 읽지 않고 시간도 없다고 말하는 사람들에게 '많은 책을 읽는 것이 도움이 된다'는 문구는 그들에겐 구호일 뿐 더 이상 도움이 되지 않는다. 12권만이라도 분야별로 균형 있게 필자가 제시하는 방법으로 읽어보라. 그러면 지금보다 훨씬 더 성과를 낼 것이다. 성과를 검증하고 나면, 다음 단계로 24권에 도전해 보는 것이 적격이다. 1년에 책을 20권 이상 읽으면서도 성과가 나지 않는다고 고민하는 독자도 같은 효과를 보게 될 것이다. 독서수준이 중. 상급이나 고급이라면 같은 길을 걷는 동행자를 발견하게 될 것이다. 혹여나 필자의 책을 읽고 '지금 자신이 읽고 있는 방법과 다르지 않아 별다른 내용이 없다'라고 단정하는 독자가 있다면 기뻐해도 좋을 것이다. 그런 독자는 책을 제대로 잘 읽고 있기 때문이다.

이 책의 구성은 다음과 같다.

1장에서는 실천독서법을 요구하는 시대적 환경과 의미를 다루었고, 2장에서는 독서를 통해 자신의 인생과 세상을 바꾼 리더들

을 연구하였으며, 3장에서는 독서경영의 필요성과 미래형 인재로
서 창의력을 높이고 성과를 높일 수 있는 실천독서법 10가지를 제
시하여 실제적인 노하우를 공개하였다.

고민이 깊으면 해결책도 눈앞에 다가오고 있다는 징조다. 모쪼
록 이 책이 독서가들의 갈증을 축여 주고 다시 독서로 매진해서
자기성장의 동력으로 삼는 다리 역할을 할 수 있게 되길 바라는
마음 간절하다. 독자의 비판에 대해서는 겸허하게 가슴에 새기고,
더 나은 발전을 위해 절차탁마할 것을 약속드린다. 끝으로 현재의
내가 존재하기까지 나의 성장에 영향을 주었고, 나로 인해 성장의
동기를 얻었던 모든 분들께 이 책을 바친다.

2010년 봄
민도식

I

실천독서법이란 무엇인가?

실행과 끈기는 천재를 이긴다 • 우리 시대는 독서를 통한 학습을 요구한다 • '매력' 한껏 뽐내는 실천독서 • '자극-사색-지혜'로 가는 단계별 책 읽기 • '생각하는 책읽기'가 내뿜는 6가지 파워 • 책이 멀어지면 인생도 멀어진다 • 지식에 날개 달아주는 '생각하는 독서' • 선현들에게 배우는 5가지 독서법 • 읽는 방법에 '정답'은 없지만 '현답'은 있다 • 좋은 책 고르는 방법 8가지

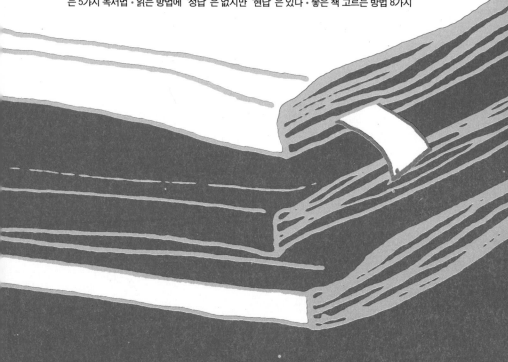

실천독서법이란
무엇인가?

실행과 끈기는 천재를 이긴다

초등학교를 겨우 졸업하고 골프장의 잡역부로 일하다가 우연한 기회에 골프 선수가 된 사람이 있었다. 그렇게 성장한 그는 세계 최초로 미국 오픈, 영국 오픈, 캐나다 오픈 등 3개 대회의 우승을 휩쓰는 등 많은 골프 선수권 대회를 석권했다.

어느 날 토크쇼에 출연한 그에게 사회자가 물었다.
"이렇게 좋은 성적을 거둘 수 있었던 비결이라도 있었나요?"
그러자 그가 이렇게 대답했다.
"간단합니다. 골프는 제 인생이거든요. 승리한 다음날 아침, 저는 곧장 골프 코스로 돌아가서 연습 스윙을 350번이나 했습니다.

다른 사람들 같으면 대개 승리를 축하하는 파티에 참석하고 있었 겠지요."

어느 분야에서나 독보적인 성공을 이룬 사람들은 무엇이든 하고, 또 하고, 또 해야 한다는 것을 잘 안다. 불행히도 그는 1974년 번개에 감전되는 사고로 팔과 등을 다쳐 더 이상 골프를 칠 수 없었다. 그러나 그는 수술과 치료를 받으며 매년 대회에 출전했고 10년 만에 다시 주요 대회에서 우승을 차지하는 기염을 토했다. 그가 1981년 세계골프 명예의 전당에 헌액된 미국의 프로 골프 선수인 리 트레비노다.

재능은 타고났지만 실행력이 떨어지면 평균 이하에 머무르는 것이 현실이다. 반면 재능은 평범하지만 강한 실행력으로 훈련했을 때 남다른 실력을 쌓을 수 있다. 이런 실행력을 가질 때 삶은 빛나게 된다. 그리고 그 실행력을 갖추는 과정에서 가장 훌륭한 길동무이자 스승이 바로 독서다.

실행력이 떨어지고 생활이 나태해지려고 할 때 나는 책을 든다. 책을 읽으면 나태해졌던 나를 발견하게 되고 다시 시작하자는 열정이 불타오른다. 책에서 읽은 구절이 나를 자극해서 어제보다 훌륭한 사람으로 변해야 한다는 에너지를 심어준다.

독서는 실천력뿐만 아니라 어떻게 하면 자신의 분야에서 전문가가 될 수 있는지도 알려준다. 더하여 그 분야의 지식을 다루는 방법까지 알려준다. 사실 지식을 축적하는 것도 중요하지만 그 지식을 다루는 방법을 아는 것이 더 중요하다. 요즘 사람들은 지식은 많지만 사용할 줄 모른다는 것이 문제이다.

자신을 혁신하는 실천독서법에는 지식을 쌓기만 하는 것이 아니라 실천하면서 익혀가는 힘을 키우자는 뜻이 담겨있다. 이는 또한 지식은 넘쳐나는데 그것을 제대로 실행하지 못하는 우리 시대의 불행한 환경과도 연관이 있다.

아무리 독서통신교육에 참여하고 역량강화교육을 다녀도 실제적인 능력의 향상은 잘 이루어지지 않는다. 이런 무용한 학습을 뛰어넘어 실제적인 자기혁신과 변화의 독서가 이루어져야 한다. 그러자면 책읽기에 대한 방법론과 함께 지식을 다루는 방법에 대해서도 배워야 한다. 우리는 배울 때 발전할 수 있고 훈련할 때 변화할 수 있다.

우리 시대는 독서를 통한 학습을 요구한다

새로운 시대는 새로운 전략과 방법을 요구한다. 기존에 통용되던 전략으로는 더 이상 현실적인 여러 문제들을 해결할 수 없다. 그 대표적인 경우가 최근 등장한 창조경영이다.

이건희 회장이 창조경영을 언급한 이후 우리 사회는 창조경영의 본질을 찾기 위한 연구 분위기가 확산되고 있다. 기업을 이끄는 경영자들이나 개인사업자들, 사회 구성원 모두에게 창조경영으로의 전환은 현실 극복을 위한 위협이자 기회로 작용하고 있는 것이다.

이제 승부는 기존과는 다른 완전한 새로운 경험을 제공할 수 있느냐 하는 것에 달렸다. 우리는 기존의 패러다임을 새로운 것으로 대체해야만 한다. 따라 가는 자가 아니라 스스로 개척하는 자가 되어야 한다. 니즈가 너무도 빨리 변하기 때문에 새 것을 끊임없이 창조해야만 한다.

지금은 혁신을 주도하는 개인이나 기업들은 눈에 보이지 않는 경쟁력을 만들어내야 하는 시대가 되었다. 눈에 보이는 경쟁력은 대량생산이나 아웃소싱, 역외조달의 희생물이 되기 쉽다. 이는 경쟁체제에서 높은 수익을 내기 힘든 구조다. 압도적 우위를 통해 높은 수익을 만들어내기 위해서는 다른 사람들이 따라 할 수 없는 눈에 보이지 않는 경쟁력을 만들어 내야 한다. 그것이 인력자원일 수도 있고 시스템의 숨어있는 노하우일수도 있다. 그 무엇인가를 만들어내는 것이 바로 창조경영의 핵이다. 개인이 장점에 집중하고 기업이 브랜드에 집중하는 이유가 이 때문이다.

　기업은 점점 창의적이고 문제 해결력을 갖춘 인재를 필요로 하고 있고 개인들은 그런 능력을 갖추기 위해서 독서를 통한 학습을 필수적으로 하고 있다.

　교육을 통한 방법은 추상적이고 원시적인 방법이다. 반면 독서는 구체적이고 개별적인 방식이다. 독서를 통해 개인은 자신에게 필요한 것이 무엇인지, 무엇을 배워야하는지를 알게 된다. 또한 그에 필요한 지식을 습득하고 가치관과 태도를 훈련한다. 자신에게 맞는 맞춤식 교육을 스스로 만들어가는 것이 바로 독서를 통한 자기혁신의 매력이다.

'매력' 한껏 뽐내는 실천독서

　실천독서법이란 단순히 지식을 축척하고 교양을 쌓거나 정서를 함양하고 여가를 보내는 산업사회의 책읽기를 넘어서 독서를 자기성장의 발판으로 삼는 것을 말한다. 독서를 통해 성장의 발판으로 삼는다는 것은 성장에 독서를 적극적으로 이용한다는 의미가 포함된다. 그런 측면에서 자기혁신의 실천독서법은 산업사회를 살아가는 지식층의 독점적 지식생산을 위한 책읽기나 일반인의 유희적 책읽기를 넘어 지식기반 사회에 적합한 목적적 책읽기라고 할 수 있다. 여기서 목적이란 지식기반 사회에 맞는 창의적 인재로서의 역량을 강화할 수 있는 것을 말한다. 지식기반 사회가 요구하는 역량은 창의력을 바탕으로 한 직관과 통찰력을 지닌 인재다. 알고 있는 정보와 지식을 문제해결이나 기획에 접목시켜 좀 더 생산적으로 활용하는 인재를 의미한다.

　지식의 반감기가 짧아지는 현재와 미래에는 머릿속에 암묵적인 노하우를 가지고 그것을 브랜딩 할 수 있는 사람이 기회를 선점할 가능성이 높다. 알아야 할 정보와 지식이 넘치는 시대를 사는 대부분의 사람들은 시간부족을 호소한다. 따라서 시간을 쪼개 학습을 했더라도 누구나 알고 있는 1차적인 정보는 자신의 역량을 높이는데 큰 도움이 되지 않는다는 사실에 주목해야 한다. 암묵적인 지식이 인적자본이 되는 시대에는 마땅히 학습 또한 효율을 높이고 개인의 부가가치를 높이는 역할을 할 때 독서는 그 가치를 높일 것이다. 그런 측면에서 가만히 있는 것보다 책을 읽는 것이 나을 것이라는 막연한 기대에서 우리는 벗어날 필요가 있다. 시간이 부족한 상황에서 미래형 인재로 거듭나기 위해서는 독서 또한 좀 더 계량적이고 생산적인 방향으로 설계되어야 한다.

이런 측면으로 볼 때 실천독서법이 어떤 장점이 있는지 살펴보자.

첫째, 미래형 인재로서의 직관과 통찰력을 높여준다.

미래형 인재란 기존의 사업모델을 뛰어넘어 고객의 숨겨진 욕구를 찾아내 새로운 사업을 만들 수 있는 인재를 말한다. 미래형 인재는 앞으로 먹고 살 수 있는 성장 동력을 만들어 낼 수 있는 사람이다. 이를 위해 가장 필요한 것은 다가올 미래사회에서 기회를 만들 수 있는 미래사업을 예견할 수 있는 직관과 통찰력이다. 실천독서법은 미래형 인재가 요구하는 직관과 통찰력을 높이는데 유효한 수단이 된다.

직관과 통찰력은 책을 읽는다는 것만으로는 얻을 수 없다. 책을 통해서 생각을 넓히고 아이디어를 현장에서 실천해야 한다. 이렇게 실천했을 때 어떤 결과가 나타나는지를 알게 되고 그것은 또 다른 일에 대한 예지력을 더한다. 독서에서의 실천력이란 하나의 결과로 끝나는 것이 아니라는 점에서 중요한 것이다.

둘째, 다양한 문제해결의 실마리를 발견할 수 있다.

책을 읽는 사람들은 어떤 문제의식을 가지고 있다. 책을 읽다보면 자연스럽게 자신의 문제와 관련된 해결방법이 떠오른다. 자신의 문제의식과 책의 텍스트가 결합해서 화학반응을 일으킨다. 때문에 같은 책이지만 읽는 사람에 따라서 서로 다른 실마리를 얻을 수 있고 읽는 시기에 따라서 다른 실마리를 얻기도 한다. 이처럼 책속의 텍스트는 사람과 결합했을 때 비로소 가치를 드러내는 특성을 지니고 있다. 이제 문제는 우리가 어떤 문제의식을 가지고 있느냐 하는 것이다.

자신을 성장시키고 발전시키겠다는 문제의식을 가졌다면 모든 텍스트가 그렇게 읽힌다. 반면 재미나 유희, 교양의 목적으로 텍스트를 접하게 되면 웃고 즐기고 알게 되는 정도로 그치게 된다. 실천독서가 주는 매력은 바로 우리의 성장에 대한 의욕이 독서를 통해 다양한 결과로 이어질 수 있다는 점에 있다.

셋째, 자신의 정체성을 찾아간다.

정체성의 혼란이 가중되는 시대이다. 유행은 끝없이 진화해가고 어제까지 가치 있다고 여겼던 많은 것들이 오늘은 가치를 잃는 시대가 되었다. 기존에 수립된 가치관으로는 세대 간의 갈등이나 시대의 흐름에 맞춰 변화와 혁신을 이끌어가기 힘들어졌다. 사람들은 그럴수록 자신감을 잃고 방향성을 상실하기 쉽다. 뭔가 엇박자가 나는 것은 분명한데 그 실체를 찾아내기 힘들어지는 것이다. 실천독서는 자신이 느끼는 갈등을 조화롭게 다룰 수 있는 많은 해답을 제시한다. 책을 들고 전 세계에 퍼져 있는 뛰어난 스승들에게 손을 내밀기만 하면 자신들의 경험을 온전히 가르쳐 주기 때문이다. 시대변화와 자신의 가치관 사이에서 방향을 잃고 흔들리고 있다면 책속에서 그 답을 찾아야 한다. 그래야만이 본인이 원하는 행복을 온전하게 만들어 나갈 수 있다.

넷째, 자신이 하는 일이 브랜드로 발전하게 만든다.

직업의 소멸과 아웃소싱 촉진으로 1인 기업이 기하급수적으로 늘어간다. 이는 곧 직장인이건 직장 밖의 사람이건 머리에 든 노하우로 승부를 하는 시대가 되었음을 의미한다. 자신만의 고유한 영역을 개척하지 못하는 사람들은 부가가치가 낮은 노동자로 대체되거나 기계로 대체되는 입장에 처하게 되었다. 지식근로자로서 오랜 사회활동을 이어가고 자기실현을 하기 위해서는 자신만의 브랜드를 반드시 만들어야 한다. 자신만의 브랜드는 크게 두 가지 요소를 충족해야 가능해진다. 첫 번째는 고객이 원하는 특별한 가치를 제공하는 것이고, 두 번째는 자신이 제공한 가치에 대해 높은 가격을 지불받는 것이다.

현재 자신이 가진 노하우가 있다고 여긴다면 그것을 세상 밖으로 펼쳐보라. 그러면 자신의 노하우가 브랜드로서의 가치가 있는 것인지 아닌지 바로 알 수 있다. 브랜드를 가진 사람은 고객의 입장에서 꼭 찾는 사람이 되지만 브랜드가 없는 사람은 고객의 입장에서 매력을 느끼지 못하는 평범한 사람일 것이다. 읽은 것을 실천하면 회사 내 노하우를 세상속의 브랜드로 만드는 다양한 방법과 사례를 알게 된다. 그들이 말하는 방법을 벤치마킹하는 것만으로도 큰 실마리를 찾을 수 있다.

마지막으로 조직에 기여하는 인재가 될 수 있게 한다.

회사에서 제공하는 교육기회만으로 지식기반 사회를 능동적으로 이끌어 갈 수 있는 정보와 지식을 얻기에는 턱없이 부족하다. 자신의 역량을 높이고 지속적인 경쟁력을 확보하기 위해서는 스스로 학습할 수 있는 셀프리더십 역량이 필수적이다. 셀프리더십과 관련된 세미나가 봇물을 이루는 것이 그 증거이다. 셀프리더십을 발휘하는데 실천독서법은 더 없이 좋은 수단이 된다. 실천독서법은 자긍심을 고양시키고 자신을 차별화 할 수 있는 인재로 만들며, 나아가 회사에 기여하는 주인의식을 가진 인재로 만든다. 책을 읽는 사람은 사폐증에 머물지 않고, 부하 직원에게 오래 근무했다는 이유로 과거의 방식을 따르라고 강요하지 않는다. 항상 제대로 된 멘토링을 할 수 있는 실천적 인재로서의 리더십을 발휘한다. 그런 사람이 부하들의 열렬한 성원에 힘입어 자연스럽게 상위 리더로 성장하는 것은 시대의 요청에 부응하는 것이다.

이제 성장을 지향하는 사람들에게 독서는 필수가 되었다. 다기망양(多岐亡羊, 달아난 양을 찾으려 할 때 갈림길이 많아 끝내는 양을 잃는다는 뜻으로, 학문의 길이 여러 갈래로 나뉘어 있어서 진리를 얻기 어려움을 이르는 말)의 시대에 스스로 길을 잡기 위해서는 적절한 길잡이가 필수적이다. 이때 책은 오래된 스승처럼 일상에서 흔들림을 잡아주고 추구해야 할 방향을 밝혀준다. 이제 문제는 그 스승을 우리 스스로 만들어가야 한다는 점이다. 책의 선택과 독서의 방법이 중요한 이유는 우리의 선택이 스승을 결정하기 때문이다.

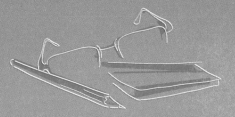

|전문가의 실천독서법|

『전략적 책읽기』의 스티브 레빈은 '문장을 질문으로 바꾸는 습관을 들여라' 고 말한다. 독서에서 자신에게 필요한 것을 얻어내기 위해서는 문장을 문장으로 읽어서는 안 된다. 문장을 질문으로 바꿔야 한다. 그래야 질문에 적합한 답을 찾아낼 수 있다. 직장인들이나 비즈니스맨들에게 이것은 아주 중요하다. 자신의 업무를 혁신시킬 아이디어를 구하는 입장에서는 마침표로 끝나는 책읽기는 한 가지 밖에 얻지 못하기 때문이다. 마침표를 의문부호로 바꿀 때 저자가 말하는 한 가지 방법이 아니라 자신만의 수많은 방법들이 나올 수 있다.

그러자면 레빈의 말처럼 책을 읽을 때 '키워드를 정해서 필요한 부분부터 읽어나가' 는 노력이 필요하다. 속도전의 시대에 책 한권을 처음부터 끝까지 읽는 것은 좋은 방법이 아니다. 책에서 자신에게 필요한 부분을 찾아서 그것만 읽어나가는 것은 시간을 아끼고 성과를 높이는 좋은 방법이다. 모든 책이 그런 것은 아니지만 업무에 도움을 얻거나 아이디어를 획득할 목적으로 읽는 책들은 마땅히 그렇게 해야 한다. 때문에 '원하는 정보가 없으면 과감하게 던져 버려라' 는 충고가 유익할 수 있는 것이다.

'자극-사색-지혜'로 가는 단계별 책 읽기

　책을 읽는 것이 분명 삶에 도움이 된다는 것은 사실이지만 책을 읽는 모든 사람이 원하는 만큼의 성과를 얻는 것은 아니다. 어떤 이는 적은 책을 읽었음에도 불구하고 괄목할 성장을 얻은 반면 어떤 이는 엄청난 분량의 독서를 했음에도 큰 성과 없이 보통사람의 삶을 산다. 두 사람의 차이는 무엇일까? 책을 읽는 방식이나 목적이 다르기 때문이다. 그런 점에서 독일 철학자 쇼펜하우어의 지적은 정보홍수에 사는 우리에게 시사하는 바가 크다.

　"많은 지식을 섭렵해도 자신의 것이 될 수 없다면 그 가치는 불분명해지고, 양적으로는 조금 부족해 보여도 자신의 주관적인 이성을 통해 여러 번 고찰한 결과라면 매우 소중한 자산이 될 수 있다."

　모든 분야가 기초과정을 거쳐 고급단계로 발전하듯이 독서 또한 여러 가지 단계를 거쳐 발전한다.

　첫 번째 계단은 타인에 대한 자극으로 책을 읽는 단계이다.

　이 단계는 책에 대해 관심을 가지는 사람이라면 누구나 경험하는 과정이다. 사람들은 각종 분야의 책을 통해서 어떤 방법으로든 자극을 받는다. 소설을 통해 감동을 받을 수도 있고, 베스트셀러를 통해 감성적인 공감을 얻을 수도 있다. 독서를 통해 우리는 작가의 사상과 주장에 본의 아니게 전도되고 영향을 받는다. 독서가 초급단계인 경우라면 전적으로 작가의 사상에 지배받을 가능성이 크다. 독서를 통해 큰 자극을 받고 그 자극에 따라서 살고 싶다는 욕구가 강한 단계가 여기에 해당한다.

자극의 단계에서는 다독이 큰 자랑이 된다. 얼마나 많이 읽었는가가 주된 논제가 될 수 있고, 많이 읽은 사람들이 자기계발을 잘하고 시간을 효율적으로 사용하는 것으로 칭송받을 수 있다. 이는 하지만 곧 스스로의 아집과 독단에 빠질 위험성을 가진다. 이때 대부분의 사람들이 취할 수 있는 독서의 패턴은 잡식성이다. 이것저것 닥치는 대로 읽게 된다. 그럴 수밖에 없는 것이 자극적인 내용, 자신이 모르는 것을 알려주는 내용이면 뭐든 손이 간다. 그저 책 읽는 것이 좋고 읽은 후에도 또 다른 읽을 것이 없나 싶은 그런 생각이 든다.

이 단계의 특징은 다른 사람이나 언론에서 좋다고 말하는 책들에 손이 간다는 점이다. 자발성에 근거한 것이 아니라 다른 외부 요인에 의해서 책을 읽게 된다. 따라서 취미 혹은 정보취득, 지식습득 정도의 수준을 결코 넘어서지 못한다. 물론 그 결과 또한 밖으로 드러나지 않는 것이 보통이다.

두 번째 계단은 책을 통한 사색의 단계다.

여기서 말하는 사색은 주관적 깨달음을 말한다. 사람들이 많은 책을 읽고서도 뚜렷한 성과를 내지 못하는 것은 읽은 책에 대해 주관적 사색을 위한 노력을 게을리 하기 때문이다. 사람들 대부분은 인생에서 쉬운 길을 택하듯 독서 또한 쉬운 방법을 택한다. 따라서 책을 읽을 때 작가의 사상에 쉽게 동의하고 만다. 독자 대부분이 책을 읽는 순간에는 남는 것이 있는 것 같은데, 며칠 지나면 남는 것이 거의 없다고 하소연하는 것은 사색의 단계가 생략되었기 때문이다.

고대의 철학자들은 산책을 통해 사색의 깊이에 빠져들었다. 독일의 철학자 칸트는 똑같은 시간에 산책을 하기로 유명해서 동네 사람들이 그가 산책하는 지점을 보고서 정확한 시간을 알았다고 한다. 작가의 사상을 자신의 사상과 혼합하는 과정이 철학자에게는 산책을 통해서였을 것이다. 사색은 머리만으로 이뤄지는 것이 아니라 몸의 감각기관과 연결되어 나타난다. 오관으로 느껴 자신만의 새로운 생각을 잉태하고, 그것을 말할 때 다른 사람들이 그의 주장에 더 많이 공감하게 되는 것은 물론 독서가 자기혁신의 동력으로 작용하게 된다.

사색의 단계에는 책을 읽는 도중에 자신과 대화를 많이 나누게 되는 특징을 가진다. 때론 작가의 사상에 대해 의문을 제기하기도 하고, 공감한 부분에 대해서는 꺼리를 가지고 생각을 많이 하는 단계이다. 이 단계에서는 길을 걷거나 산책 도중에 작가가 남겨준 화두에 대해 생각이 꼬리에 꼬리를 무는 것을 경험하게 된다. 기존 생각과의 충돌과정에서 관점을 바꾸기도 하고, 책에 대해 가졌던 느낌은 다른 사람과의 대화를 통해 공감되기도 하고, 충돌을 일으키기도 한다.

사색의 단계에 이르면 습관적으로 책을 많이 읽어야 한다는 강박관념에서 벗어날 수 있다. 다른 사람이 많이 읽은 것에 대해 부러워하지 않고, 자신이 많이 읽은 것에 대해 자랑하지도 않게 된다. 이는 세상에는 잘난 사람이 많다는 깨달음으로 좀 더 겸손함이 발휘되는 단계로 성장했다는 증거다.

이 단계에 이르면 책을 읽다가도 생각에 잠겨 무엇이든 끼적이고 싶은 충동을 느끼기도 하고, 아이디어를 놓칠세라 재빨리 메모하기도 한다. 가끔은 자신이 적은 글에 대해 자아도취에 빠지기도 하고 습작일기를 자랑스럽게 적기도 한다. 또 자기 목소리를 내고 싶어 안달하기도 하고 다른 사람에게 이야기를 하면서 횡설수설할 수도 있다. 이때 독서패턴은 주변의 추천이나 자신의 관심사항에 의해 책을 선택하는 것이 특징이다. 이 단계를 거쳐 사람들은 자신에게 맞는 독서패턴을 만들게 된다.

세 번째 계단은 독서를 통해 지혜를 발견하는 단계이다.

사람은 자신이 깨달은 지혜의 폭에 의해 행동을 결정한다. 지혜로움이 부족할 때 사람들은 판단과 선택에 어려움을 겪는다. 사람들은 그런 이유로 지혜를 높이기 위해 다양한 노력들을 하게 되는데 그것을 통해 얻는 지혜는 가장 적은 시간과 비용으로 가능하다는 점에서 사람들에게 오래도록 사랑받았다. 책을 통해 얻게 되는 사색의 에너지가 직관과 통찰력을 통해 새로운 지혜로 생활에 접목될 때 실천독서는 놀라운 힘을 발휘하게 된다.

지혜가 높을수록 사람들은 장기적 전망에 의해 삶을 설계한다.

장기적 전망을 가지고 선택하게 될 때 세상의 소란과 다른 사람들의 행동에 영향을 덜 받는다. 그때가 되면 더 많은 자유를 얻고 좀 더 창조적인 활동에 몰두할 수 있게 된다. 비로소 눈앞의 작은 것들에 시선을 빼앗기고 헛된 에너지를 소비하지 않게 되는 것이다.

지혜를 발견하는 단계의 독서에 이르면 책을 많이 읽는 것이 중요하지 않다. 삶과 자신을 돌아보지 않는 지나친 독서는 현실에 대한 감각을 떨어뜨리는 위험성을 가지고 있음을 알기 때문이다. 생각할 시간을 확보하고 자신을 돌아볼 시간을 갖는 것은 큰 깨달음을 준다. 그런 깨달음은 곧 앞으로 어떻게 살 것이며 주어진 문제를 어떻게 돌파해나갈 것인지에 대한 혜안을 준다.

이 단계의 특징은 책을 읽다가 명상하는 시간이 길어진다는 점이다. 자기의 생각을 노트를 꺼내 적게 되고, 적게 읽고 많이 생각하며 많이 적게 되는 단계로 접어든다. 이때쯤 되면 사람들은 자기의 생각을 엮어 책으로 내고 싶은 강한 충동을 느낀다. 또한 독서를 통해 자신이 고민하는 문제들을 하나 둘 프로세스화하기도 하며, 단어 하나하나의 개념을 생각해 보고 본질에 대해 더 깊이 접근하는 노력을 한다. 책에서 본 한 구절에서 대오각성을 하기도 하고, 어려운 문제해결을 위한 해법을 자기 방식으로 만들어내기도 한다. 어떤 책을 읽든 자신이 원하는 방향으로 독서의 결과물을 만들어낸다. 생각이 실천으로 이어지는 단계는 이 단계에서 이루어진다. 자신만의 오랜 사상이 자신의 삶을 관통할 수 있도록 행동이 뒷받침하게 되는 것이다.

이 단계는 잡식성의 독서보다는 작가나 사상을 연결해서 하나의 원류를 쫓아 본질을 규명하는 작업이 계속되며, 학습모델에 의해 자신이 관심 있는 분야를 집중적으로 연구할 수 있는 역량이 생긴다. 당연하게 고전의 의미를 되새기고, 선현들이나 작가가 궁극적으로 말하고자 하는 속뜻을 공감하기 위해 많은 시간을 투자하게 된다.

이 세 단계의 독서를 그림으로 표현하자면 그림1과 같다.

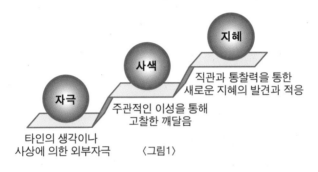

〈그림1〉

우리는 이런 과정을 통해서 독서에 접근한다. 대부분의 사람들은 첫 번째 단계에서 오랫동안 머무른다. 어떤 경우 아예 두 번째 단계로 나아가지 못하기도 한다. 책을 좋아한다고 말할 수 있는 사람이라면 두 번째 단계에 도달해 있다고 할 수 있다. 책과 함께한다고 말할 수 있는 사람은 세 번째 단계에 도달했을 가능성이 크다. 책을 통해서 삶을 살아가기 때문이다. 이제 나는 어느 단계에 속하는지 생각하자. 한 단계 더 나아가기 위해서는 무엇이 필요한지도 살펴보도록 하자.

'생각하는 책읽기' 가 내뿜는 6가지 파워

책을 왜 읽는가?

책을 통해 무엇을 얻고자 하는가?

책을 통해 읽는 이유와 얻고자 하는 바를 얻고 있는가?

얻은 것들이 신념과 행동의 변화를 일으키는 힘이 되는가?

관심 있는 독서분야는 무엇인가?

관심을 가지는 분야가 학습지도와 연결되어 있는가?

책에 대한 종합적인 느낌은 어떤가?

독서에 대해 스스로 어떤 생각을 가지고 있는지 알아보는 자가진단용 질문이다. 질문에 대해 구체적인 자기 답변을 할 수 없는 사람이라면 잠시 독서를 멈추고 생각하자. 독서량이 많다고 책이 삶의 변화에 큰 도움을 주지는 않는다. 이는 외국생활을 오래했다고 해서 외국을 잘 알지 못하는 것과 같다.

경험에 의하면 책을 읽는 것이 꼭 유익한 면만 있는 것은 아니다. 읽은 것이 생활에 지혜를 주고 실행력에 도움이 되지 못할 때 독서는 하나의 소일거리가 될 뿐이다. 독서를 통해 성장하고자 한다면 위의 질문을 통해 자신이 독서를 하는 이유를 제대로 찾아야 한다. 그럴 때 독서는 삶의 변화와 연결되고 즐거움이 되며 지속적인 독서를 할 수 있는 습관으로 발전할 수 있다.

세상의 모든 길에 왕도는 없다. 의미와 목적을 생각하고 행동을 하는 사람은 더 많은 성과를 얻을 수 있다. 자기의 기준도 없이 다른 사람의 의견을 쫓아 독서하는 습관에 길들다 보면 아는 것이 오히려 행동하는 것을 방해하게 될 수 있다. 우리 주변에도 그런 사람들이 꽤 있다. 사람들은 그들을 현학주의자 또는 백면서생이라고 부른다. 생각하며 독서하려는 노력이 중요한 이유가 여기에 있다.

책을 읽으며 생각하는 과정을 많이 거칠수록 내용에서 뽑아낼 수 있는 것이 많아진다. 하지만 우리가 지금 책을 읽는 방식은 마치 우리가 일을 하는 방식과 같다. 일단 빨리 해치우고 보자는 식이다. 이러하니 책에서 성과를 얻어낼 수 있는 내용들을 뽑기가 어려워진다. 지금 우리에게 필요한 것은 읽으면서 생각하고 생각하면서 읽는 것이다. 책에서 찾아낸 아이디어를 곧바로 실행에 옮기는 것이다. 그렇다면 먼저 생각하는 독서를 해야 하는 이유들을 구체적으로 알아보자.

첫째, 자기를 발견하고 자신을 바로 세울 수 있다.

30대를 막 들어설 무렵 친구 아버지가 돌아가셨다는 전화를 받았다. 문득 아버지가 생각났다. 그때까지 아버지와 나는 30분 이상 대화를 나누기도 어려운 애증의 관계였다. 친구 아버님의 소식을 계기로 아버지와 좀 더 나은 관계를 만들 것을 결심했다. 심리학책을 읽기 시작한 것은 이 때문이었다. 처음에는 지그문트 프로이드와 칼 융의 책으로 시작했는데 힘들어서 포기하고 말았다. 어설픈 독서가의 한계라고나 할까? 그 뒤에는 생활사례를 중심으로 된 책을 주로 읽었다. 김정일, 양창순, 이나미, 최창호 교수 등이 저술한 책을 집중적으로 읽었다.

그때의 독서를 통해 아버지와의 갈등은 태교와 이후의 집안환경에서 비롯된 것이란 걸 알았고, 내가 태도를 바꾸지 않는 한 아버지와의 갈등은 계속된다는 것도 깨달았다. 그날 이후 나는 아버지의 입장에서 이야기를 들으려고 노력했고, 그 이후로 우리 부자는 가족들 중에서 가장 가까운 대화 상대가 되었다. 지금도 가족들이 말하기 힘들어하는 일들은 내게 맡겨진다.

그전까지 나는 나 자신에 대해서 너무 몰랐다. 심리학 책들의 도움으로 자신을 발견할 수 있었고 덕분에 아버지와의 소중한 관계를 회복할 수 있었다. 아버지와 대화를 하다보면 그때 읽었던 책들의 내용이 떠오르곤 한다. 때문에 좀 더 부드럽고 넉넉하게 아버지의 말씀을 받아들이게 된다.

둘째, 희망을 만들어가는 과정이다.

비전을 세우기 전까지 필자는 참 힘든 삶을 살았다. 농업계고등학교를 다닐 때는 다른 사람의 무시가 싫어 대학을 진학하겠다는 목표를 세웠고, 대학을 다닐 때는 신문기자가 되겠다는 생각에 몇 년을 그것에 집중했다. 회사를 다닐 때는 업무를 잘한다는 평가도 제법 받았고, 회사 전체에서 제안상을 받기도 했다. 여기에 개인적으로 시집을 내는 등 기대 이상의 목표를 달성하기도 했다. 하지만 그런 과정에서 나는 행복하다고 느껴보지 못했다.

오히려 목표를 정하고 매진할수록 허무함은 더해졌다. 돌아보면 편협한 자존심만이 나를 지탱시켜 주는 끈임을 알았다.

어느 날 이렇게 해서는 안 되겠다는 생각을 했다. 나는 책을 통해, 왜 만족한 결과 앞에서도 허무감을 느낄 수밖에 없는지를 알고자 노력했다. 여러 책을 읽으며 나의 현재를 돌아보며 여러 가지 생각들을 많이 하게 되었다. 그리하여 하나의 결론을 얻었다. 나의 허무감은 삶의 명확한 비전이 없기 때문이라는 것이었다.

경험상 하루와 한 달 그리고 1년 정도는 명확한 비전이 없다 하더라도 목표만으로도 충분히 열심히 살 수 있다. 하지만 쓰러질 때마다 근원을 알 수 없는 삶에 대한 허무는 견디기 힘들었다. 그래서 적성을 파악하기 위해 노력하고 강점과 기질이 무엇인지 연구하고, 강점혁명을 해야 할 분야가 무엇인지를 책을 통해 섭렵했다. 그 과정에서 50살에 청소년리더십센터를 만들어 청소년들에게 원칙과 가치관을 수립해주는 소임을 다하려는 비전을 정할 수 있었고, 내 하루는 훨씬 단순화되었다. 지금 나는 비전을 향해 구체적인 목표들을 하나 둘 실천해가고 있다. 독서는 진정한 목적을 찾지 못한 나에게 비전을 던져준 훌륭한 친구였다.

셋째, 어떻게 살아야 할지 결정하는데 기회를 넓혀준다.

입사 후 신입사원교육에서 미래를 위해 월급의 10%는 자기계발에 투자해야 한다는 강사의 이야기를 들었다. 다른 동기들도 똑

같이 들었을 것이다. 나는 10%를 독서하는 것에 투자하기로 결정했다. 이후 읽기 시작한 앨빈토플러, 피터드러커, 톰 피터스, 존 나이스비트 등 미래학자들의 책은 늘 지적 호기심을 채워주었다.

오랜 시간이 흐른 후 나는 기업교육 강사가 되었다. 처음엔 내 주력 강의과목이 뭔지 몰랐다. 하지만 강사라는 일에 맞는 책들을 많이 읽게 되고 그것과 나의 장점들이 결합되는 곳이 무엇인지 생각하면서 나의 주제는 변화혁신과 셀프리더십 분야가 될 것임을 직감했다. 여전히 나는 어떻게 사는 것이 자기 주도적이고 현명한 것인가를 고민하면서 책을 읽어가고 있다.

어느 날 삶과 죽음이 하나라는 것을 알았다. 톨스토이가 이야기한 인생에서 가장 중요한 것은 '현재, 지금 하는 일, 내 앞에 있는 사람'이란 것을 이해하기까지는 많은 시간이 필요했다. 그런 공감이 있은 후 재산을 모으는 목표나 사회적으로 성취를 해야 한다는 목표는 하위순위가 되었다. 죽기 전에 무엇으로 다른 사람과 사회에 기여해야 하는가? 에 질문의 초점이 맞춰지게 되었다.

흔들릴 때마다 책을 통해 만난 소중한 꿈벗들이 버팀목이 되어준 것이 고맙다. 구본형을 사랑하는 모임 사람들과 격의 없는 만남, 안상헌 작가님과 함께 경남독서포럼을 운영하게 된 것은 책이 내게 기회를 넓혀준 것들이다.

넷째, 차별화를 만드는데 안내자가 된다.

가끔씩 쉬고 싶거나 지치게 될 때 자서전을 주로 읽는다. 위인전이나 사회적으로 명성을 얻은 사람들의 자서전보다는 많이 알려져 있지는 않지만 나름대로 기여하는 삶을 살고 있는 인물의 자서전을 더 많이 읽는다. 백범, 정주영, 빌 게이츠, 손정의, 데일카네기, 이병철, 반기문, 진대제 등의 자서전을 읽으면 현실의 어려움을 변명하는 것이 얼마나 어리석은가를 깨닫게 된다. 김규환, 오토다케 히로타다, 이승복, 장승수, 오히라 미쓰요 등의 자서전을 읽으면 나약한 마음을 다스리거나 젊음의 웅지를 다시 배우게 된다. 한비야, 슈바이처, 마더 테레사, 존 우드, 성철 스님, 안철수 등의 자서전을 읽으면 기여하는 삶에 대해 또 다른 성찰을 얻고 불빛을 발견한다.

그 속에는 특별한 재능을 부여받지 못했더라도, 좋은 집안에서 태어나지 않았더라도 얼마든지 다른 사람이나 사회에 도움을 주며 특별하게 살 수 있는 다양한 방법이 있다. 그들을 통해 세상에 태어난 그 어떤 사람도 존엄한 가치를 지니고 가치 있는 삶을 살 수 있음을 깨우치게 된다. 그 과정을 통해 나도 그들을 닮아가고 있다.

다섯째, 사색의 기회를 제공하여 빈 머리를 채워준다.

바쁘다는 이유로 3일만 책을 읽지 않으면 머리가 텅 비어버린 느낌을 받는다. 그럴 경우 어제 했던 강의를 그대로 앵무새처럼 반복하는 자신을 발견하고 몸서리치게 놀라게 된다. 그런 측면에서 강사라는 직업은 러시아의 유명한 피아니스트 루빈스타인 말이 준엄한 회초리가 된다.

"하루만 연습을 하지 않으면 자기가 알고, 이틀을 연습하지 않으면 동료가 알고, 사흘 연습하지 않으면 청중이 안다."

나는 강의가 없는 날이면 도서관에 자리를 잡고 책을 읽거나 산책길을 걸으며 어제 했던 강의와 앞으로 할 강의의 질에 대해 늘 반성과 사색의 시간을 가진다. 1주일에 한번은 등산을 통해 독서에서 느낀 것들을 정리하는 시간을 가진다. 등산은 생각하기와 어울리는 활동이다. 자신의 속도를 가지고 산을 오르면서 읽은 것, 다가올 일들, 지난날들을 서로 연관시키며 생각이 흘러가도록 내버려두면 창의적인 생각들이 많이 떠오른다. 대부분 강의에서 사용하는 자료는 이때 만들어진다. 그런 측면에서 독서는 고객이 원하는 강의에 다가서도록 나를 안내하는 나침반 역할을 한다.

여섯째, 다른 사람의 세계와 나의 세계를 연결시켜준다.

라로슈푸코, 톨스토이, 쇼펜하우어, 그라시안, 에머슨 등의 책을 읽으면 고민하던 부분을 일깨워주는 자명종 역할을 한다. 혼란하고 복잡한 구조를 좀 더 명쾌하게 설명할 수 있게 하고 소란스러움을 더 단순하게 이해하는데 큰 울림을 준다. 특히 그들이 던지는 한마디의 명언들은 나의 순간을 깨워주며 삶의 활력소가 된다. 한때는 그들이 말하는 용어를 이해하지 못해 힘들어했지만 나이가 들고 경험이 더해 갈수록 그들이 안내해주는 지혜로운 세계에 대해 나는 더 가까이 다가가게 된다. 읽을수록 달라지는 것이들의 책이다. 내 삶에서 선택할 수 있는 자유의 폭도 넓어짐을 실감한다.

생각하며 읽어라. 이런 말을 자주 한다. 생각하며 읽는 것은 자신의 삶과 우리의 현실을 책 속의 문장을 통해서 들여다보는 일이다. 혹은 책속의 문장을 통해서 자신의 내면을 들어다보고 우리의 삶터를 구상하는 일이다. 생각하지 않는 책읽기는 문장 속에 나를 가둬버린다. 그 순간 책이 나를 자유스러운 성장으로 이끄는 것이 아니라 나를 옥죄고 속박해버린다. 우리가 책을 읽는 이유는 다양하지만 생각하지 않으면 어떤 것도 얻을 수 없다는 것이 결론이다.

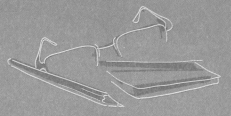

| 전문가의 실천독서법 |

독서에 대한 공부에 큰 도움을 받았던 『생각을 넓혀주는 독서법』에는 질문을 던지라는 주문을 많이 한다. 책을 읽을 때는 먼저 전반적으로 무엇에 관한 글인지를 파악하고 구체적으로 무엇을 어떻게 다루고 있는지 자세히 살펴야 한다. 그 후에야 이 글이 옳은 이야기인지 아닌지를 구분할 수 있게 된다. 이후의 작업은 책에서 말하고 있는 내용의 의미를 찾아내는 것이다.

이 과정에서 질문은 아주 중요한 역할을 한다. 질문을 던져보아야 글의 올바름을 파악할 수 있고 의미도 찾아낼 수 있다. 그냥 읽기만 해서는 안 되는 것이다. 의미를 찾아내기 위해서는 생각을 해야 하고 생각을 하는 방법으로는 질문이 최고인 것이다. 자신에게 질문을 할 때 대답도 훌륭하게 솟아난다.

책이 멀어지면 인생도 멀어진다

책을 좋아하는 사람은 많지만 책을 읽는 사람은 적고,

책을 읽는 사람은 많지만 규칙적으로 책을 읽는 사람은 적고,

책을 규칙적으로 읽는 사람은 있지만 제대로 정리하는 습관을 가지고 읽는 사람은 적고,

책을 정리하면서 읽는 사람은 있지만 성과로 직결시키는 사람은 적다.

이른바 디지털시대다. 최근 휴대폰 기능을 보면 문자로 무엇인가를 보내는 것은 기본이 되었고 MP3음악을 듣거나 심지어 유명 가수의 뮤직비디오 같은 동영상까지 볼 수 있다. 요즘은 아예 휴대폰에서 사용할 수 있는 용도를 목적으로 MP3음악만 제작하거나 그런 용도의 뮤직비디오만 나올 정도로 디지털은 세분화되고 있다. 그래서인지 문자로 무엇인가를 전달되는 것 자체가 구시대적인 것으로 생각되고 있는 분위기다. 그 문자가 디지털기계가 아닌 종이와 같은 아날로그적인 매체에 담겨있다면 그런 생각은 더 커질 것이 분명하다. 그 대표적인 것이 바로 책이다.

필자가 직장을 다니던 90년대 초 전자결재가 최초로 도입되었고 사무실은 곧 종이 없는 세상이 될 것이라는 추측들이 주를 이루었다. 하지만 사무실에서는 여전히 결재만 전자기계로 이루어질 뿐 여전히 책상 위에 종이가 수북이 쌓여 있었다. 전자매체의 발달로 전자책이 출판되면서 종이책이 설 자리를 잃을 것이라는 주

장도 미래예측에 실패한 대표적인 예다. 이런 초 디지털시대에도 종이책은 여전히 우리의 책상과 가방 속에서 버젓이 자리를 잡고 권력을 내줄 생각이 없는 것처럼 보인다. 오히려 CEO나 자수성가를 했다는 분야의 전문가들 이야기를 들어보면 종이책은 무용하기는커녕 오히려 성공적인 삶의 필수요소라고 말하고 있다. 그런 점에서 본다면 인류가 지구상에서 생존하는 한 책이라는 도구는 결코 사라지지 않을 것이다.

디지털 황제 빌 게이츠는 책을 곁에 두고 산다. 자신의 사업에 위기가 느껴질 때, 삶의 방향에 대한 갈등을 느낄 때 어김없이 책을 꺼낸다. 새로운 비즈니스 모델을 만들 때도 마찬가지다. 안철수 석좌교수는 10kg이 넘는 책과 메모가방을 메고 다니며 아이디어 구상을 한다. 그들뿐인가. 우리에게 알려지지 않은 수많은 사람들이 책과 동고동락하며 자기 삶의 도움꾼으로 활용하고 조언자로 이용한다. 덕분에 그들은 자신만의 일터에서 주인공이 되었고 영웅이 되었다. 그들은 책과 함께 자신의 진정한 삶 속으로 들어갔던 것이다.

'보통사람들'인 우리들은 불행히도 이런 진정한 삶을 맛보고 있지 못한 것 같다. 세상에서 들려오는 소리들이 그것을 증명하고 있다. 우리처럼 평균적인 사람들은 한국인 평균 독서량이 얼마이며, 주위 사람이 독서에 대해 어떤 견해를 가지고 있는지, 최근에 읽은 책이 무엇인지 등에 대해서만 관심을 갖는다. 그러다보니 자연히 책이라고 하면 베스트셀러밖에 모르고 책을 읽어도 남들에게 읽었다고 말하기 위해서 억지로 읽게 된다.

이것은 무엇을 증명하는 것일까? 단적으로 표현하자면 주도성 없음이다. 주도성이 없다는 것은 자신만의 목표가 없다는 말이고 그 목표를 위한 계획적인 활동이 부족하다는 말이다.

지금 자신에게 이렇게 물어보자.

'나의 목표는 뭘까?'

종이를 꺼내 자신의 목표를 구체적으로 적어보자.

로또복권 1등 당첨이나 내 분야의 전문가 되기, 10억 모으기, 이런 추상적인 것들 말고 좀 더 자신의 삶에서 주도성을 발휘할 수 있는 목표를 기록하자. 로또복권 당첨은 주도적인 노력으로 이룰 수 있는 것이 아니다. 이런 것은 자신의 삶을 우연에 맡기는 방식이다. 내 분야의 전문가 되기라는 목표는 구체성이 부족하다. 자신의 분야가 어떤 것인지 전문가는 어느 정도에서 어떤 정도의 권위를 가진 것인지에 대한 설명이 없다. 거기에 10억 모으기는 언제까지 어떤 방법으로 하겠다는 느낌을 줄 수 없고 막연하다.

목표는 구체적이어야 한다. 그래야 일상 속에서 무엇을 할 것인지를 알게 된다. 책이 훌륭한 것은 구체적인 목표가 없는 우리들에게 목표를 찾을 수 있는 자료, 계기 혹은 기회를 제공해준다는 점이다. 목표가 없는 사람들에게는 목표를, 목표는 있지만 어떻게 해야 할지를 모르는 사람들에게는 그 방법을, 방법의 실천에 실패한 사람들에게는 새로운 방법과 도전의 의지를 심어준다. 빌 게이츠와 안철수 교수 같은 사람들이 책을 끼고 사는 이유가 바로 이 때문이다.

책은 참으로 신기하게도 지금 자신이 어떤 위치에서 어떤 고민을 하든지 간에 그것에 필요한 내용을 찾아내도록 도와준다. 어찌 보면 당연한 일이지만 우리가 고민하고 있는 내용은 책에서 발견할 수 있다.

자기목표와 주도성이 없을 때 할 수 있는 일이라곤 다른 사람에게 맞춰주기 위해서거나 세상이 원하는 사람의 스펙을 맞추기 위해 대부분의 에너지를 쏟는 것이다. 베스트셀러나 골라서 보고 다른 사람들이 살아가는 방식을 그대로 모방하면서 그렇게 시간을 죽이며 살게 된다. 그러면서도 항상 자기 삶에 대한 불만은 멈추지 않고 '나는 왜 이럴까'하는 자괴감만 쌓여간다.

이제 자기 스스로에게 질문을 던져볼 때가 되었다.

"나는 어떤 사람이 되고 싶지?"

"그런 사람이 되기 위해서는 어떤 역량을 가져야 하지?"

이런 질문에 대한 답은 이미 내 마음속에 내장되어 있다. 그 과정에서 책읽기는 내 마음속의 답을 찾아내도록 안내하는 좋은 길잡이가 된다. 우리에게 필요한 것은 자신에게 질문할 수 있는 용기와 책을 들고 그 구체적인 답을 찾아내려는 노력이다. 이것은 책을 읽고 그 가치를 느껴본 사람만이 가지는 특이한 경험임은 물론이다. 까닭에 때로는 아무 이유 없이 책부터 읽어보는 것도 괜찮은 방법이 된다.

책이 멀리 있으면 인생도 멀리 있고 책을 가까이 하면 인생도 가까이 있다.

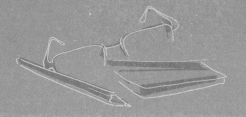

|전문가의 실천독서법 |

책을 읽다보면 자신만의 좋은 책에 대한 기준 같은 것이 생기게 된다. 읽은 후에 이 책은 좋은 책이다, 아니다가 구분되는 것이다. 그렇다면 어떤 책이 좋은 책일까?

가장 먼저 나 혼자만 읽었으면 하는 책이 있다. 이런 책을 읽으면 세상의 엄청난 비밀을 알아버린 것 같아서 주체할 수 없는 감동에 빠지게 된다. 때문에 다른 사람에게 보여주면 큰일이 날 것 같다. 혼자 소중하게 간직하며 읽어야 할 것 같은 책이라면 정말 좋은 책이라고 할 만하다.

내 인생의 중대한 전환점이 된 책도 좋은 책이라 할 수 있다. 중요한 생각을 바꾸어 주었다거나 행동의 밑거름이 되었다거나 하는 책을 만나는 것은 사실 행운을 잡는 것과 같은 일이다. 사람은 변하는 시기가 있고 그 시기에는 적당한 사람을 만나거나 사건을 겪기도 한다. 좋은 독서가들은 책을 통해서 변화를 겪기도 한다. 이런 책이 좋은 책이다.

마지막으로 한번이 아닌 서너 번씩 읽을 수 있는 책도 좋은 책이다. 오죽하면 서너 번씩 같은 내용을 읽을까? 웬만한 사람들은 뻔한 내용이어서 지겨워 못 읽는 책을 몇 번씩 반복해서 읽으니 사랑하지 않고서는 불가능한 일이다. 사랑할 수 있는 책은 당연히 좋은 책이다.

지식에 날개 달아주는 '생각하는 독서'

"지식기반사회란 지식을 가진 사람이 정보통신의 발달을 배경으로 창의적 아이디어를 통해 높은 부가가치를 창출하는 사회를 말한다."

자기계발 전문가 안상헌이 말하는 지식기반 사회의 정의이다. 넘치는 정보와 지식만을 가지고서는 경쟁력을 가지기 힘든 사회가 되었다. 그런 측면에서 '21세기 문맹은 읽고 쓸 줄 모르는 이가 아니라 학습할 줄도, 학습한 것을 망각할 줄도, 재학습할 줄도 모르는 이들이다'라는 피터 드러커의 말은 평생학습이 얼마나 중요한가를 일깨워준다. 주도적 삶을 사는 사람들이 책을 가까이 두고 있는 이유 또한 자신이 평생학습가임을 알고 있기 때문이다.

책을 가까이 하고자 하는 욕심만큼 가까이 할 수 없는 것이 책이다. 책보다는 신문을 보는 것이 편하고, 신문보다는 TV를 보거나 인터넷 서핑을 하는 것이 훨씬 편한 방식이기 때문이다. 사람들은 편한 방식으로 사는 것을 선호한다. 우리는 지금 인터넷 가입인구 80% 이상의 시대를 살고 있다. 평생교육원 모집광고가 공해가 될 정도가 되었다. 이제는 모두가 생각을 방해하고 활용이 되지 않는 정보와 지식을 부여잡고 시간을 보내는 것이 시대에 뒤처지는 행동임을 제대로 인식하면서 살 필요가 있다.

미래인재로서 경쟁력을 오래도록 유지하기 위해서는 다른 사람들이 가질 수 없는 정보와 지식을 소유해야 한다. 남들이 알고 있는 정보와 지식을 전혀 다른 영역으로 정렬하고 통합하고 분리해서 가치 있는 지혜로 만들어 낼 수 있어야 한다. 이와 같은 과정을 통해 정보나 지식이 삶의 지혜나 문제해결, 기획, 비즈니스 모델, 사업아이템 개발 등으로 연결시킬 수 있는 사람이 된다면 그의 경쟁력은 영속될 것이다.

　로저 메릴은 '지식정보화시대'에는 지혜를 가져야 하기 때문에 정보, 지식, 지혜를 구별하는 혜안이 있어야 한다'고 했다. 스티븐 코비는 '새롭게 시작된 21세기는 지혜의 시대가 될 것이라고 생각한다. 사람을 겸손하게 만드는 환경의 힘 혹은 양심의 힘을 통해 지혜의 시대가 도래 할 것이다'고 말했다. 왜 세계의 석학들과 지도자들은 모두 지식이 미래를 지배할 것이라고 말하고 있는 것일까? 디지털혁명으로 인한 지식의 파괴력이 그만큼 커졌기 때문이다.

　그 지식의 파괴력에 날개를 달아주는 것이 바로 지혜다. 지식정보화시대에 지혜의 중요성이 증대되는 이유는 무엇일까? 그 이유

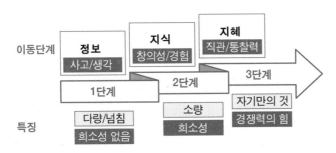

〈그림2〉 독서의 이동단계

를 알기 위해서는 먼저 지혜의 생성과정을 살펴봐야 한다. 지혜는 그림2에 나와 있는 것과 같이 1~3단계 과정을 거쳐 생성된다.

정보는 다량이며 넘치는 특징을 가지고 있다. 정보는 따라서 그 자체로는 희소성이 없고 가치를 만들어내기 어렵다. 정보가 가치를 만들어내기 위해서는 사고와 생각이 더해져 지식의 단계로 발전해야 한다. 정보가 한 단계 상승해서 지식의 영역으로 나아가면 소량이 되고, 희소성을 가지게 된다. 예를 들어 대학전공이나 전문적으로 연구한 분야는 개인의 가치를 어느 정도 증명해내는 지표가 된다. 이 때문에 사람들은 더 높은 학위를 가지거나 자격증을 획득하려 노력하는 것이다.

그렇지만 냉정한 입장에서 지식만으로 경쟁력을 확보하기에는 여전히 어려움이 따른다. 그 정도의 자격을 갖춘 사람들이 넘쳐나는 세상이기 때문이다. 따라서 지식을 소유한 사람들은 지식 이상의 뭔가를 발휘해야 경쟁력을 높일 수 있다. 그것이 지혜다. 가진 지식이 지혜로 발전하기 위해서는 창의성과 경험이 더해져야 한다. 이는 남들과 다른 결과를 만들 수 있기 때문이다.

정보와 지식만 가지고 직관과 통찰력까지 발휘하기란 어렵다. 여기서 구분이 되어야 할 것은 지식과 지혜는 서로 연관되어 있지만 독립적이란 점이다. 지식이 많다고 해서 반드시 지혜로워지는 것은 아니며, 반대로 지식이 없다고 해서 지혜로워질 수 없는 것도 아니다. 선현들은 굳이 1~3단계를 거치지 않고도 지혜로운 생활을 할 수 있었다. 그렇지만 과거와 지금의 변화속도는 엄청난 차이를 보이고 있다. 변화속도가 느린 시대에는 정보와 지식을 갖지 않고서도 지혜를 발휘할 수 있었지만 현대는 정보와 지식의 기초 없이 지혜를 발휘해서 현실 문제를 해결하기에는 삶의 조건들이 너무 복잡하게 되었다.

지혜는 경험이 더해져야 한다는 점에서 알프레드 노스 화이트헤드의 말은 우리에게 영감을 준다.

"어떤 의미에서 지혜가 커지면 지식은 줄어든다. 구체적인 지식은 모두 원칙 속에 포함되기 때문이다. 중요한 지식은 삶의 각 분야에서 그때그때 얻을 수 있지만, 지혜를 얻기 위해서는 잘 알고 있는 원칙을 적극적으로 활용하는 습관이 필요하다."

그런 점에서 사색을 하고 실행력을 높이는 사람들이 지혜로운 사람이 되는 것은 당연한 귀결이다.

새로운 시대를 맞이하면 사람 또한 시대에 맞는 인재로 옷을 갈아입어야 한다. 그것은 새로운 정보와 지식만 알고 있는 것으로는 부족하고 지혜를 통해 생활에 접목하면서 직관과 통찰력으로 이어져야 함을 의미한다. 시대를 앞서가는 사람들이 지속적으로 책을 가까이 하는 마법 또한 이런 이유가 아닐까? 여러분은 지금 차별성도 없는 정보나 지식을 얻기 위해 너무 많은 시간을 허비하지는 않은가?

선현들에게 배우는 5가지 독서법

독서 경험이나 책 읽는 것을 자랑으로 삼으며 사는 사람들이 있다. 이들은 유명한 작가의 이름이나 스테디셀러를 쫙 읊어 주위사람을 주눅 들게 만들기도 한다. 그런 사람 중에 독서가 성장으로 연결된 사람은 존경스럽지만 자기성장과 관련성 없다고 느끼는 사람을 만나게 되면 안타깝다. 아마 그런 분들 중 일부는 독서 초보자를 상대로 교언영색하거나 아니면 혹세무민할 가능성이 높다.

성장이 없는 독서를 계속한다는 것은 어떤 의미가 있을까? 시간의 유한함 속에 사는 우리는 시간부족과 처리해야 할 일이 넘쳐나 아우성이다. 우리 사회 또한 아는 것을 내세우기 위한 독서는 점점 무가치한 시대가 되어간다. 알고 있는 정보나 지식의 활용이 경쟁력이 되는 지식기반사회를 사는 우리로서는 독서 또한 성장단계를 밟아가야 하는 것은 필연적이다. 자신을 돌아보고 자신은 어느 독서단계에 있는지를 확인하는 지혜를 발휘할 때다.

홍길주의 『수여난필』에는 독서의 다섯 가지 등급에 대한 글이 나온다.

다섯 번째 등급이 '할 일 없이 한가하게 놀면서 시간을 보내는 것이다'. 나 역시 그랬다. 직장을 다니던 시절! 일상적인 일에 지쳐 허기를 느낄 때마다 이 책 저 책을 읽었다. 하지만 책과 함께한다는 위안은 되었지만 큰 성과는 없었다.

네 번째 등급이 '뛰어난 기억력으로 다른 사람에게 과시하는 것이다'. 일반적으로 책을 좋아하는 사람들이 범하기 쉬운 오류이다. 읽은 것을 자랑하며 현학적인 모습으로 때론 주변사람들을 주눅 들게 한다. 유명한 사람들의 일화를 들어 때론 위화감을 조성하고, 다양한 이론을 들어 상대에게 무지함을 자극하게 하는 것을 넘어 자괴감을 주기도 한다. 나 역시 그런 시절이 있었고, 현재도 그렇지 않은지 늘 돌아보게 된다.

세 번째 등급이 '문장을 닦아 세상에 이름을 날리는 것이다'. 좋은 책을 써서 다른 사람의 잠자는 영혼을 깨우는 과정이다. 이 정도에 이르려면 최소한 10년 이상의 체계적인 독서와 글쓰기 작업이 병행되어야 한다. 옛날에는 과거를 통해 자신의 이름을 날렸다면 지금은 자신의 전문분야에 대한 저술을 하여 브랜드를 높인다. 우리 주변에는 이런 사람들이 계속해서 양산되고 있는 실정이다.

두 번째 등급이 '옛것과 옛일을 널리 알아 지금 처한 문제에 적용하는 것이다'. 독서를 하는 주목적을 말하는 등급이다. 기통지학이 아닌 살아있는 독서가 되기 위해서는 안다는 것이 실천과 접목되어야 한다. 그런 과정을 통해 자신의 역량이 강화되고 비로소 책을 읽는 것이 온전히 삶과 조화를 이루게 된다. 빌 게이츠처럼 생각하는 책읽기를 하는 가장 큰 이유에 해당하는 등급이다.

첫 번째 등급이 '이치를 명확하게 밝혀 몸을 맑게 하는 것이다'.

결국에는 수신과 관련지어지는 것이 세상의 지혜이자 이치인 것이다. 세상에 대해 많은 답을 요구하다가 깨달음이 깊어지면 어느 날 자신에게 질문을 던지게 된다. 외부적인 상황에 대응하는 것이 전부인 줄 알다가 내부의 울림에 귀를 기울이는 것이다. 이 단계에 이르면 욕망에서 벗어나 마음 비우기를 하는 단계에 이른다. 이때 읽는 고전은 마음을 깨워주고 욕망의 덧없음을 가르쳐준다. 이런 독서를 할 수 있는 사람은 독서를 통해 비로소 많은 것을 얻었다 할 수 있을 것이다.

중용에서는 독서의 5단계를 이렇게 이야기하고 있다. 1. 박학(博學-두루 혹은 널리 배운다), 2. 심문(審問-자세히 묻는다), 3. 신사(愼思-신중하게 생각한다), 4. 명변(明辯-명백하게 분별한다), 5. 독행(篤行-진실한 마음으로 성실하게 실천한다).

성장과 이어지는 독서의 단계

"독서를 좋아하는 사람과 싫어하는 사람은 시간이 지날수록 앉는 자리가 다르고, 먹는 음식이 다르고, 만나는 사람이 다르고, 눈으로 접하는 세상이 달라질 것이다."

이 세상 대부분의 일은 단계를 거쳐 성장한다. 독서 또한 마찬가지이다.

필자의 독서경험에 의하면 독서는 성장과 관련, 4단계로 나아간다.

첫 번째가 호기심의 단계다.

이때 독서패턴은 주로 잡식형의 독서가 된다. 심심해서 잡지를 보기도 하고, 소설책을 펼치기도 하며, 무협지에 빠져들기도 한다. 그러다가 남들이 읽는다는 베스트셀러를 읽기도 하고, 어려운 책에 도전했다가 절망감을 느끼기도 한다. 독서에 대해 좋은 느낌을 갖느냐 독서의 무용론을 주장하느냐의 경계에 처하게 되는 단계이기도 하다.

두 번째가 관심분야를 파고드는 단계다.

이때 사람들이 취할 수 있는 독서형태는 테마형 독서다. 자기계발, 리더십, 인간관계, 코칭, 마케팅, 취미활동 등을 섞어가며 세부적으로 접근하는 단계다. 테마형 독서는 잡식형 독서의 무의미함을 깨닫고 좀 더 생산적인 독서로 나아가고자 하는 욕구가 성장을 촉진한다. 이는 자신의 역량을 신장시킬 수 있는 기회를 제공한다. 테마형 독서를 10년 정도 계속한다면 몇 가지 관심분야에서 전문가가 될 수 있다. 요즘 출판시장의 트렌드가 이를 기반으로 형성되는 듯하다. 이때 사람들은 실용독서의 방식에 대해 지대한 관심을 갖게 된다.

세 번째가 의미와 목적을 찾아가는 단계다.

이때 취할 수 있는 독서의 방식은 집중형 독서다. 테마형 독서로는 뭔가가 부족해서 한 단계 나은 방식을 취하는 단계이다. 이

때 북멘토의 지도가 있다면 독서의 단계를 한 단계 끌어올릴 수 있는 시점이다. 책을 읽는 행위보다 '왜 책을 읽는가?'에 대해 자신에게 지속적으로 질문하는 단계를 말한다. 예를 들어 구본형의 글이 마음에 든다면 전작을 사서 읽는 형태다. 나아가 마음에 드는 작가에게 영향을 준 작가들을 추적해서 그 사람들의 책도 사서 읽게 되는 단계다. 좀 더 발전하면 인류에게 사상적으로 큰 영향을 미친 사람들의 인과관계를 추리해서 읽게 되는 단계이기도 하다. 쇼펜하우어를 읽다가 톨스토이도 읽고, 그라시안도 읽고, 랄프 왈도 에머슨도 읽고, 니체도 읽고 하는 식이다. 의미와 목적을 찾아 책을 읽기 때문에 이 단계가 되면 이미 자신만의 독서방식이 어느 정도 정립된 단계에 도달할 것이다.

네 번째가 자기이해 단계이다.

이때 취하는 독서의 방식은 사색형 독서다. 이 단계가 되면 책을 많이 읽거나 빨리 읽는 것은 무의미해진다. 적게 읽고 많이 생각하며 많이 서술하게 되는 단계라 할 수 있다. 대부분의 작가들은 이 단계의 독서를 한다. 그래서 자신만의 생각을 만들어내고 지혜로운 방식을 통해 세상과 자기를 재해석한다. 몰랐던 자기를 발견하기도 하고, 알았지만 전혀 다른 자기를 이해하기도 한다. 자기의 강점이 뭔지 알아보고, 성공에 대한 집착에서 벗어나 중용의 인생이 중요한 것도 깨닫게 된다. 세속적인 성공보다는 사회공헌에 더 관심이 많은 독서의 단계이기도 하다. 자연스레 고전에 손이 가고 철학적인 책에 관심이 가게 되는 단계다. 때론 어려운 분야로 자신을 몰아넣어 스스로 고민에 빠뜨리는 단계이기도 하다.

선현들이나 필자가 제시하는 독서의 성장단계가 정답일 수는 없다. 모든 독서가들이 자기의 기준을 가지고 독서의 이력만큼 성장을 해야 한다는 목적이나 목표를 가지고 독서를 임하게 된다면, 방향 없이 독서를 하는 것보다 많은 책을 읽지 않더라도 훨씬 더 빨리 성장할 수 있음을 눈치 채고 자기화하는 것이 더 중요함을 깨닫는 것이 발전하는 독서의 첫걸음이다.

읽는 방법에 '정답'은 없지만 '현답'은 있다

사람들이 모인 곳에서 피해야 할 주제는 정치와 종교 이야기다. 논쟁만 가득하고 결론을 내 지도 못한 채 편 가르기로 끝이 나기 때문이다. 독서방법에 대한 담론 또한 오랜 시간 논쟁거리가 되었다. 옛 문헌에 나오는 독서백편의자현(讀書百編義自見:아무리 어려운 글이라도 여러 번 반복해서 읽게 되면 그 뜻을 저절로 알게 된다)은 정독의 중요성을 강조하는 것이요, 남아수독오거서(男兒須讀五車書:남자라면 모름지기 다섯 수레의 책을 읽어야 한다)는 다독의 중요성을 강조한 것이다.

읽어야 할 책이 홍수를 이루면서 사람들은 공급과잉을 어떻게 다뤄야 하는지 고민하는 하루를 살게 되었다. 고민의 틈을 파고든 것이 다독을 기반으로 하는 속독이론이나 속독에 관한 책이다. 대표적으로는 속독법, 포토리딩, 패턴리딩 등이 있다.

출간강연회를 위해 출장을 갔다.

다른 도시에 살면서 대기업에 다닌다는 한 분이 먼 길을 찾아왔다고 하면서 말을 걸었다.

"올 한 해 600권의 책을 읽는 목표를 가지고 있습니다!"

"……."

"그러면 지금까지 몇 권의 책을 읽으셨는지요?"

"3500권쯤 읽었습니다."

"사모님이 좋아하십니까?"

"성과가 없다고 싫어합니다."

"올 해 600권의 책을 읽어야 하는 이유는 무엇입니까?"

"……"

사람들은 가끔 목적지도 없이 다른 사람들의 말을 듣고 급하게 보따리를 챙겨 길을 떠난다. 그 과정에서 얻는 되는 것은 무엇일까? 마음의 상처일까? 아니면 역량일까? 검증되지도 않은 것들이 자신의 생존이나 이익을 내세워 난무하는 세상을 우리는 살고 있다. 많은 책을 읽을 수 있다면 분명 좋은 일이다. 그렇지만 다독해야 할 분명한 목적도 없이 강박관념이나 불안감에서 읽어야 한다는 것은 생각해 볼 일이다. 다독하기에 앞서 자신에게 다음과 같은 질문을 해보는 것이 삶에서 훨씬 더 중요할 것이다.

"왜 많은 책을 읽어야 하는가?"

"책을 통해 궁극적으로 얻고 싶은 것은 무엇인가?"

이 두 가지 질문만 하더라도 우리는 정독과 다독에 대한 균형감각을 갖게 될 것이다. 세상에는 모든 사람에게 적용될 수 있는 옳은 방법은 존재하지 않는다. 그 당시에 도움이 된 방법을 사람들은 옳다고 믿을 뿐이다. 시간이 흘러 과거의 믿었던 많은 것들이 시행착오임을 깨닫는 것이 인생이다. 독서의 방법 또한 이와 마찬가지가 아닐까? 그러므로 양분론에 빠지지는 말자.

다독을 위한 속독법에 대한 요구는 정보와 지식의 공급과잉에 기반을 둔다. 매일 쏟아지는 신간광고를 보거나 미디어와 출판물의 홍수 속에서 사람들은 그것을 제대로 다루지 못하면 시대에 뒤떨어질지 모른다는 불안감에 휩싸인다. 그럴 때 일간신문의 주말 도서가이드나 인터넷포털의 책 선전광고를 보게 될 때 느끼는 지적결핍은 상상 이상이 된다. 이 틈새를 파고 든 것이 속독법이다. 목적도 없는 선택은 돈과 시간만 날릴 공산이 크다.

직업적으로 속독이 꼭 필요한 분야의 사람들도 있다. 대표적으로 수많은 사건변론을 읽어야 하는 변호사나 판사, 검사에게는 속독이 도움이 될 것이다. 책을 매일 대해야 하는 사서도 도움이 될 것이다. 그렇다고 대부분 사람들이 책을 빨리 읽어야 할 필요가 있을까? 하루에 쏟아지는 책의 양만 하더라도 속독을 배워 죽을 때까지 읽어도 다 읽을 수 없는 양이다. 이런 상황에서 빨리 읽는 방법을 배운다 한들 얼마나 많은 책을 읽을 수 있을까? 일반인이 고양이 빌딩으로 유명한 일본인 작가 다치바나 다카시 같은 작가가 되겠다고 달려드는 것과 같다.

공병호 박사와 같이 다작을 하는 작가가 책을 읽는 방식과 일반인의 책 읽는 방식은 분명 다르다는 것을 인정하는 용기가 필요하다. 제대로 소화하지도 못하는 책을 지나치게 많이 읽는 것은 오히려 정신을 뚱뚱보로 만드는 결과를 초래할 수도 있다. 그렇게 되면 소화하지도 못하는 정신적 과잉이 사람을 현학적이고 이상주의자로 만들 수도 있는 것이다.(간혹 주변에서 이런 사람을 발견하기도 한다.) 책은 읽는 목적에 따라 다를 뿐이다.

사색을 위해 독서하는 사람에게 정독이 적격이요, 정보나 단편적인 지식을 위해 읽는 사람에겐 속독이 적격일 것이다. 정독을 좋아하는 사람들도 많이 읽다보면 속독은 자연스럽게 체득된다. 1년에 책을 10권도 읽지 않는 사람에게 정독이든 속독이든 그게 왜 중요한가? 사람들은 가끔 행하지도 않으면서 기술을 배우겠다고 달려든다. 그럴수록 삶은 더 피곤해진다. 얻는 것도 없이 말이다.

사실 요즘 같이 출간의 홍수와 처리해야 할 정보량이 급속도로 늘어나는 시대를 살아야 하는 우리에게 더 빨리 읽을 수 있는 방법을 배우고 싶은 것은 달콤한 유혹이다. 그런 이유 때문에 필자 또한 독서 강의에서 자주 '정독과 속독'의 중요성에 대해 질문을 받는다. 그럴 때면 주저 없이 '마음대로 해 버리세요'하고 말해준다. 책의 맛과 효용을 제대로 알고 있는 사람이라면 아마 그런 질문을 하지 않을 것이다. 이미 그런 질문이 무의미하다는 것을 알고 있기 때문이다. 독서를 통해 성장을 하려고 마음먹었다면 그런 것들이 쓸데없는 논쟁이라는 것을 경험할 필요가 있다.

개인의 독서수준과 사고수준이 다르다는 것을 인지한다면 '방법보다는 자신에게 맞는 방식'이 주요한 이유가 되어야 한다. 다른 사람들이 말하는 수단의 유용성을 따지는 시간에 책 한줄 더 읽어 자신만의 독서법을 찾는 실행력이 더 중요한 것이 아닐까?

독서의 방법은 수요자의 요구에 따라 다양하게 접근할 수 있다. 글을 읽는 목적, 종류와 수준에 따라 독서의 방법이 달라질 수 있으며, 독자의 개성과 환경, 배경지식, 독서능력 등도 독서의 방법과 기술을 선택하는데 있어서 중요한 기준 요소가 된다. 따라서 독서를 효과적으로 하기 위해서는 독서의 목적을 분명히 정하고, 읽고자 하는 글의 내용과 형식에 대한 사전 지식을 갖춘 후, 자신의 독서능력을 고려하여 가장 효율적인 독서방법을 선택해야 한다. 독서는 글을 매개로 해서 자신만의 방법으로 의미를 재구성하는 적극적 사고확정의 과정이다. 그렇기 때문에 효과적인 독서방법을 선택하는 것은 성과로 직결되기에 신중하게 접근할 필요가 있다.

속독이든 정독이든 나름대로 장점과 단점을 동시에 내포한다. 그림3에 나와 있는 것은 속독과 포토리딩 그리고 패턴리딩, 필자가 진행하는 자기를 혁신하는 실천독서법과 비교를 한 것이다. 속독과 포토리딩, 패턴리딩은 먼저 오랜 숙련기간을 필요로 하기에 인적 물적 자원이 장기간 투입되어야 한다. 시중에 도서가 나와 있지만

〈그림3〉 독서의 유형과 장단점

책을 읽어서 스스로 습득하기에는 한계가 있다. 그래서 아주 독한 마음을 먹고 접근하지 않으면 중도에 그만 둘 가능성이 크다.

속독을 강조하는 방법들은 정보와 지식의 습득에 용이하고, 많은 책을 단기간에 읽을 수 있는 장점을 가지고 있다. 여기에 요점 파악을 용이하게 하는 장점들도 있다. 그렇지만 정독에서 강조하는 작가가 행간에서 보여주고자 하는 의미들을 제대로 발견할 수 있을 지는 의문스럽다. '독서는 다만 지식의 재료를 줄 뿐이다. 자기 것으로 만드는 것은 사색의 힘이다'고 말한 존 로크의 말에 주의를 기울일 필요가 있다.

자기를 혁신하는 실천독서법은 지혜화 능력을 강화하고 그 속에서 직관과 통찰력을 강화하여 보다 창의적이고 아이디어가 넘치는 인생을 살고자 하는데 있다. 그러기 위해서는 스피드보다 사색과 성찰의 기회를 많이 가지는 것에 주안점을 두어야 한다. 또한 책을 읽고 나서 요점파악이 용이하게 하여 금세 잃어버리는 단점 보완과 그 책이 자신에게 주는 살아있는 느낌을 오래 유지시키고 두세 번 읽지 않고 한번만 읽더라도 자기 책이 되게 하는데 있다. 세부적인 방법들은 3장에서 다룰 것이다. 스피드가 느리다는 단점은 그 장점으로 인해 별 중요하지 않게 된다.

좋은 책 고르는 방법 8가지

"강사님! 읽을 책 좀 추천해주세요."

"최근에 읽은 책은 무엇인지요?"

"……."

"1년에 책은 몇 권쯤 읽으시는지요?"

"……."

독서관련 강의에서 자주 경험하는 사례다.

어떤 책을 읽을 것인가를 선택하는 것은 그 사람의 인생이 어떤 방향으로 나아가느냐와 밀접한 관련이 있다. 그렇기 때문에 사람들은 책의 선택에 가장 곤란을 겪는 것인지도 모른다. 마크 트웨인이 말했다. '당신에게 가장 필요한 책은 당신을 생각하게 하는 책이다'라고! 자기 자신을 생각하게 하는 책만큼 좋은 책은 없다.

한정된 시간을 쪼개 독서를 하면서 자신에게 꼭 맞는 책을 읽을 수 있다면 이는 행운이다. 책을 읽기에 앞서 스스로 질문을 해보라. "좋은 책의 기준은 누가 정할까?" 출판사나 유명인 또는 주말판 신문섹션에 나오는 기자들이 추천하는 책이 과연 좋은 책이라고 말해도 좋을까? 나는 무수한 실패경험을 통해 그 말에 동의하지 않게 되었다.

좋은 책은 온전히 좋은 독자가 만든다. 초보 독자에게 좋은 책이란 자신의 가려운 부분을 긁어주고, 고민의 실체를 해결하는 책이다. 굳이 고급 독자들에겐 좋은 책을 설명할 필요성이 없다. 그들은 스스로 좋은 책을 찾아낼 수 있는 자신만의 기준을 가지고 있기 때문이다. 중급 독자들은 자신이 조금만 고민하면 좋은 책을 고를 수 있음에도 시간을 핑계 대거나 자신을 이해하려는 노력이 부족해서 자신의 인생에 큰 도움이 되지 않는 책을 읽게 된다. 하지만 남들이 아무리 좋은 책이라고 소개하더라도 자신이 좋은 책을 읽을 준비가 되어 있지 않다면 그 책은 독자에게 아무것도 아니다. 오히려 시간만 소비하게 하고 책과의 관계를 멀어지게 한다.

이것이 책이 지닌 양면성이자 독서의 어려움이다. 좋은 책을 읽기 위해서는 자신이 어떤 책을 읽을 것인가에 대한 목적성이 뚜렷해야 한다. 그래야 좋은 책과의 교감이 시작될 수 있기 때문이다. 필자 역시 다른 사람이나 언론매체를 통해 좋은 책을 소개받고 책을 구입해 읽었지만 오랜 기간 시행착오를 통해 모든 일은 뿌린 만큼 거두게 된다는 것을 알게 되었다. 필자의 경험 때문인지 시간이 갈수록 책을 소개하는 것에 더욱 신중해졌다.

'사람은 읽는 대로 만들어진다'라고 했다. 따라서 자신이 되고 싶은 방향으로 스스로 책을 선택하는 것이 가장 중요하다. 책 선택에 있어 자신의 목적이 가장 중요함에도 불구하고 사람들은 다른 사람을 통해 또는 자신이 접하는 정보를 통해 책을 선택하는 경향이 강하다. 이는 시간을 절약하고, 다른 사람의 선행경험을 온전히 취한다는 측면에서 효과적인 방법임에 틀림없다. 하지만

이 같은 방법이 과연 책을 읽는 독자에게 최선의 방법일까? 수동적 선택을 넘어 보다 적극적이고 창의적인 선택방법은 없을까?

자신만의 책 선택 기준을 높이려는 노력이 늘어나지 않는 한 시간이 지나더라도 갈증은 해소되지 않을 것이다. 책을 읽는 것도 중요하지만, 먼저 좋은 책을 선택하기 위해 더 많은 노력을 기울여보자. 왜냐면 책을 고르는 그 자체가 책과 친해지는 과정이자 진정한 자신을 알아가는 숭고한 과정이기 때문이다. 좋은 책을 고르기 위한 자기점검 방법을 소개하면 다음과 같다.

첫째, 현재 자신이 고민하는 주제를 적는다.

정체성, 목표관리, 사명, 비전, 인간관계, 리더십, 코칭, 재테크, 취미 등 아무것이나 좋다. 적어 놓은 주제를 보고 가장 본질적으로 어려움을 겪는 순서대로 우선순위를 적어라. 주의 할 것은 곁가지들이 상위순위가 되어서는 헛수고만 하는 꼴이 된다는 사실을 명심하자. 예를 들어 인간관계의 어려움을 겪는 경우 원칙이나 신념이 부족한 경우가 대부분이다. 이런 경우 가치관에 대한 책을 먼저 읽고, 다음으로 인간관계 기술을 다루는 책을 읽어야 효과가 배가 된다. 우선순위를 정할 때 어려움을 겪는다면 혼자 끙끙대지 말고 독서전문가에게 솔직하게 고민을 털어놓고 자문을 구하는 것이 훨씬 낫다. 가장 상위의 것들이 해결되어야 하위적인 것들을 빨리 장악할 수 있다. 인생은 본질적인 것을 해결할 때 갈고 닦은 수단들이 역량으로 발전하여 더 나은 단계로 나아갈 수 있다.

둘째, 정해진 1번 주제와 관련해서 이미 읽은 책 목록을 적어본다.

책을 소장하고 있다면 재독을 하는 것이 효과적이다. 그래야 책 선택에서 시행착오를 줄일 수도 있고, 관련 주제에 관한 본인의 기초지식을 파악할 수 있다. 자기계발에 관한 책이나 비전, 리더십에 관한 책들을 많이 읽다 보면 대동소이한 내용이 너무나 많이 중첩된다는 것을 알게 된다. 비슷한 책을 읽고서도 별로 변한 것이 없다면 다시 기초적인 책을 들고 머리가 아니라 가슴으로 읽어야 한다. 안다는 것이 생활에 지혜로 적용이 되지 않고 자기자랑의 소재가 되거나 작가를 재단하는 비평으로만 머물 때 인간은 관념의 노예로서 충실히 살아 갈 수밖에 없다.

셋째, 인터넷 서점이나 도서관에서 관련항목을 조회하여 책의 목록을 살핀다.

제목→띠지→서문(추천글)→차례→후기→저자프로필→출판사→댓글→본문 등 1~2개의 주제에 관한 글을 읽어보면서 구입해야 할 책을 찾아낸다. 필자의 경우 대부분 이런 순서로 책을 사는데 인터넷서점에서 구입을 하더라도 90% 정도는 원하는 책을 산다. 참고로 활용하면 도움이 될 것이다.

경험만큼 좋은 것은 없다. 제목이나 추천글에 현혹되어 책을 샀다가 후회하는 일도 비일비재하다. 그 같은 시행착오는 독서가라면 누구나 겪게 되는 일이다. 이 과정을 통해 책을 선택하는 본인의 안목이 성장한다. 독서광이 된 사람들 또한 그런 과정을 겪고서 현재에 온 것임을 안다면 실패는 결코 실패가 아니라 진보를 위한 과정으로 받아들이는 지혜가 쑥쑥 자랄 것이다.

넷째, 책 포럼이나 북멘토에게 도움을 받아라.

3번의 과정대로 했음에도 책 선택에 기준이 생기지 않는다면 책 포럼 등에 가입해서 독서에 대한 기초를 닦는 것이 좋다. 이런 과정이 도움이 되는 이유는 본인의 책 선택기준과 다른 사람의 선택기준을 비교할 수 있다는 점이다. 독서토론에 적극적으로 참여한다면 책을 읽고 난 후 사람들이 다양하게 해석하는 방법을 배울 수 있고, 성과를 얻는 개인의 관점도 배울 수가 있어 독서수준을 한 단계 끌어올릴 수 있을 것이다.

독서관련 포럼 선택은 신중해야 한다. 경계가 없이 불특정 다수를 회원으로 가입시키는 곳에서 맞춤식 정보를 얻기는 힘들다. 수준이 다른 사람들의 견해를 들으면 오히려 기준이 더 모호해질 수도 있다. 그런 점에서 포럼은 온라인보다는 오프라인 모임에 가입하는 것이 실제적인 도움이 될 것이다. 오프라인 독서모임은 어느 정도 자격조건을 필요로 한다. 소수 정예를 바탕으로 독서포럼을 운영하는 곳은 일정의 회비를 납부해야 하고 책에 대한 고수들을 만날 수 있기에 기회비용만큼 성과를 높일 수 있는 장점이 많다. 독서를 통해 삶의 전기를 마련하겠다고 마음을 먹었다면 이런 포럼에 가입해서 부딪혀보는 것이 자기성장에 훨씬 더 큰 도움을 줄 것이다.

규모면에서 30명 이하의 포럼을 추천하고 싶다. 한편 좋은 북멘토를 만날 수 있다면 성장의 속도는 더 빨라질 것이다. 인생에서 많은 노력을 기울여도 큰 스승을 만나지 못하면 성과가 미미할 수밖에 없다. 북멘토를 통해 시행착오를 얼마든지 줄일 수 있고 학습지도에 따라 역량을 높여갈 수 있기 때문이다.

북멘토를 만나면 1:1코칭을 받을 수가 있어 좋다. 책을 좋아하고 독서의 경험이 많은 사람조차도 자신의 독서수준을 알지 못하는 경우가 많다. 이럴 경우 북멘토를 통해 자신의 독서수준을 제대로 평가를 받게 된다. 지적과시욕은 독서를 통한 발전을 방해하는 요소로 작용할 수가 있다. 그럴 경우 독서를 통해 자신을 알기보다는 외부문제를 해결하고 싶은 욕구에 집착하기 때문이다.

북멘토의 코칭과정에서 가치관의 차이가 대두될 수도 있다. 오류 속에서 상처를 경험할 수도 있고 자신이 지금껏 가졌던 독서관에 대해 회의를 품는 경우도 발생한다. 성장통의 단면일 뿐이다. 이 단계를 거치고 멘토와 본격적인 교감이 이뤄지면 독서내공은 급속도로 발전할 것이다. 필자 역시 이런 과정을 통해 지금도 성장하고 있다.

다섯째, 관련 책을 한꺼번에 구입한다.

3권쯤 구입해서 한꺼번에 읽는 것이 좋다. 1권의 책으로는 개념파악이 어렵고, 본인이 고민하는 것을 온전히 해결할 수 없다. 관련 분야의 책을 3권 정도 연속적으로 읽는 것은 하나의 주제에 대해 집중공략을 한다는 측면에서 도움이 된다. 나아가 하나의 주제를 다양한 각도로 접근하는 작가들의 특성에 대해서도 이해하게 된다. 그것이 곧 개안이다. 3권으로 부족하다면 단계적으로 관련 분야 수준별 책읽기에 도전할 수 있다. 자기 강점과 관련된 분야라거나 전문가로서의 브랜드를 만들 수 있는 분야를 정한 후 100권의 책을 읽는다면 능히 전문가적 자질을 얻을 것이다. 이는 대학 전공이나 대학원 공부보다 깊이 면에서 더 나은 학습방법이다.

여섯째, 책 읽는 과정에서 다음에 읽을 책을 찾아낸다.
이 과정에서는 앞으로 읽을 주제에 대해서도 메모를 하는 습관을 가지는 것이 도움이 된다. 연속된 독서를 할 수 있기 때문이다. 책속에 인용된 책이나 인용된 작가를 발굴해서 다음에 읽을 책을 발견하는 것은 독서가들에게서 큰 기쁨이 된다. 대개 그런 작가들은 좋은 책에서 쉽게 발견되는 인물일 가능성이 높다. 책은 또 다른 작가와 나를 연결하는 다리이다. 작가들 또한 좋은 책들을 읽음으로서 좋은 책을 쓴 작가가 되었음을 이해할 필요가 있다. 이 과정은 자기내면의 채워야 할 부분을 충실하게 채워준다.

일곱째, 작가의 입장에서 책을 선택하라.
죽기 전에 한 권의 책을 내고 싶다는 소망을 가진 사람이 의외로 많다. '아이들에게 흔적을 남기고 싶어서', '자신의 경험을 다른 사람에게 전해 주고 싶어서' 등 책을 내고 싶은 동기는 개인마다 천차만별이다. 정말 간절하게 책을 출간하고 싶다고 마음을 먹었다면 출간에 도전하는 장기적 계획을 세워야 한다. 결심을 하고 하나 둘 준비해가는 과정이 성장이 된다.

출간을 하겠다는 목적으로 책을 읽는 사람과 그렇지 못한 사람과의 차이는 책 선택의 모든 것을 결정짓는다. 책을 대하는 자세부터 달라질 것이다. 책을 저술하겠다는 목표를 세우는 순간 한권의 책을 읽는 것은 이전의 독서에 비해 훨씬 많은 성과를 낼 것이다. 최종적으로 책을 출간하지 못한다 하더라도 책을 선택하는 기준이나 책에서 얻는 것들이 오로지 독자의 입장에서 읽을 때보다 훨씬 성장을 촉진할 것이다.

여덟째, 균형 있게 책을 선택하라.

이 책은 한국인 성인 독서량(11.9권) 기준 정도의 책을 읽고서도 독서성과를 높일 수 있는 방향으로 집필을 한 책이다. 1년에 12권 정도의 책을 읽는다면 한 분야를 편식하는 것은 바람직하지 못하다. 따라서 연간 12권을 읽는다고 가정하면 변화/혁신(2권), 자기계발(2권), 정체성/철학(2권), 정신수양(2권), 휴먼스토리(2권), 업무 관련(2권) 등이 적당하다 하겠다.

이상에서 살펴보았듯이 생산적인 책 선택을 위한 왕도는 없다. 단지 우리는 다른 선행 경험자들의 실패나 성취를 통해 자신의 궁금증을 풀어나가는 단초를 얻을 뿐이다. 모든 사람들이 걸어가는 길이 다르며, 궁극적으로 도달해야 할 종착점이 다른 것이 인생이다. 그런 전제하에서 본다면 인생은 참 외롭고 힘든 여정이다. 사람들은 힘든 여정을 이겨내기 위해서 다른 사람의 조언도 듣고 독서에 관한 책을 읽는다. 그렇지만 기대와는 다르게 독서에 관한 책에서 대단한 방법을 발견할 가능성은 거의 없다는 점이 우리를 더욱 갈증 나게 한다.

독서에 관한 책들은 결국 독서광들이 자신의 방식을 세상과 나누고 싶어 적은 내용이 대부분이기 때문이다. 이 책 역시 그런 범주를 크게 벗어나지 못할 것임을 필자는 알고 있지만 1%라도 독서가들의 갈증을 풀어주기 위해 용기를 내서 쓴다.

2

독서로 미래를 개척한 사람들

'우리시대의 기인' 도올 김용옥 교수 • 디지털 시대! 성자가 된 빌 게이츠 • 경제전문가로 탈바꿈한 의사 박경철 원장 • '책 읽는 도시' 가꾸는 김종간 김해시장 • '현대판 장보고' 동원그룹 김재철 회장 • '독서경영' 실천하는 동양기전 조병호 회장 • '문화경영의 실천자' 우림건설 심영섭 회장 • 자기계발 분야의 '신세대 리더' 안상헌 작가 • 인문학+경영학 접목, 변화경영사상가 구본형 소장 • 세계적 보안전문가로 우뚝 선 안철수 석좌교수

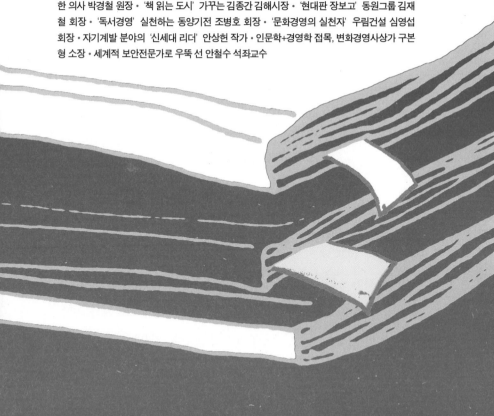

독서로 미래를
개척한 사람들

'우리시대의 기인' 도올 김용옥 교수

'우리시대의 기인'이라 불리는 도올 김용옥을 모르면 21세기 한
국의 사회문화현상을 제대로 설명할 수 없을 정도다. 1999년 11
월 EBS '알기 쉬운 동양고전-노자와 21세기'가 첫 방송을 타면서
서서히 번지기 시작한 도올 신드롬은 KBS '도올의 논어 이야기'
로 절정에 이른 바 있었다. 그는 웬만한 드라마나 쇼보다 더 재미
있는 지적인 쇼(Intellectual Show)로 사람들을 열광시켰다.

이른바 김용옥 신드롬은 겉으로는 까까머리 동양철학자가 유발
한 동양학 선풍이라는 옷을 걸치고 있었으나 그것을 더욱 부채질
하는 원동력은 언론과 출판계였는지도 모른다. 어쨌든 그는 다양
한 동양과 서양의 철학과 기(氣), 한의학을 아우르는 독창적인 사

상작업을 계속하며, 21세기 새 철학에 대한 신선하고 도전적인 문제 제기를 하고 있다.

도올은 항상 우리 사회에서 문제를 만들어낸다. 그의 말은 힘이 있으며 또한 논리성을 가졌다. 최고의 권력층에게 또는 기성의 학자들에게 거침없는 말과 거친 말로써 상대방을 자극하게 한다. 도올은 우리 사회에게 뭔가 강한 메시지를 던지고 있는 것인가? 아니면 그 나름의 확고한 철학을 언론이라는 매체를 통해 즐기고 있는 것인가? 이것이 우리시대에 도올을 연구해야 하는 이유다.

일생을 살면서 극과 극의 평가를 받는 사람들이 있다. 사람들은 그들을 평가할 때 '기인'이라고도 하고 '아웃사이더'라고도 한다. 기인(奇人)이란 일반인이 이해하지 못하는 행동을 많이 하는 사람들을 말하고, 아웃사이더(outsider)란 사회의 기성 틀에서 벗어나 독자적인 사상을 지니고 행동하는 사람을 일컫는다. 그들은 살아 있을 때 비주류로 외로움과 고독을 친구로 삼지만 일부는 죽어서 거인의 발자국을 남긴다.

그는 1986년 고려대를 그만두면서 교수 출신으로는 최초로 지적인 행위로 먹고 사는 '프로 지식인'이 된 사람이다. 그는 움직이는 곳마다 화제를 몰고 다닌다. 빡빡 깎은 머리와 한복을 입은 그의 모습만으로도 사람들에게 궁금증을 유발하기에 충분하다. 그를 소재로 한 개그 프로가 생긴 것도 그 때문일 것이다. 지금까지 그가 걸어온 행적은 보통사람의 시각에서 이해하기 힘든 점이 많다. 여러 대학을 거쳤으며 철학을 가르치는 대학교수가 되었다가

시, 시나리오, 희곡, 서예집 등을 내놓는가 하면 오페라 대본, 연극 연출에도 손을 뻗쳤기 때문이다. 그가 쓴 동학 2대 교주 최시형 선생을 다룬 '개벽'이란 시나리오는 영화화되어 1991년 대종상 시상식에서 최우수작품상, 남우주연상 등 5개 부문을 수상하기도 했고, '취화선'의 시나리오 작업에도 참여했다. 그는 또한 수준급의 단소실력을 가지고 있으며, 50에 이른 나이에 한의학과에 진학해서 한의사 자격증을 따기도 했다. 한때 KBS '이소라의 프로포즈'에 출연, 애창곡 마이웨이를 가수 뺨치게 불러 청중들의 박수를 받기도 한 사람이 도올이다.

보통사람이 한 가지 분야에서 두각을 나타내기 힘든데, 그가 지금껏 보여준 다양한 모습들은 일반인들의 입장에서 찬탄을 넘어 기이하게 받아들여지기도 하고, 전문가들의 평가에서는 많은 논란을 불러오는 뉴스메이커이기도 하다. 김용옥은 이 시대에 점잖을 빼고 앉아 있는 사람들에게 하고 싶은 말을 대신해주는 카타르시스를 제공하기도 하고, 고전도 딱딱한 범주를 넘어 얼마든지 재미있게 공부할 수 있다는 새로운 지평을 열기도 한다. 그는 '재미가 없으면 예술이 아니다'라는 예술론을 펼쳐 전통적 예술혼을 지닌 사람들에게 욕먹기를 자처하기도 한다. 이런 저런 평가를 넘어 김용옥은 사람은 어떠해야 하고, 어떤 직업에 있는 사람은 어떠해야 한다는 일반인의 상식을 넘어서는 점에서 이 시대가 요구하는 유목민적인 특성을 보여준다.

그렇다면 현재의 도올이 있기까지 그를 성장시키고 도전적인 삶을 살게 하는 힘은 어디서 온 것일까?

첫째, 콤플렉스를 넘어서기 위한 지속적인 학습이다.

도올은 충남 천안에서 개업의를 했던 김치수 씨와 홍희남 씨의 4남 2녀 중 늦둥이 막내로 태어났다. 그는 어린 시절 다른 형제들에 비해 공부에 열정이 부족했다. 그는 교육에 관심이 많았던 어머니가 친구들과 과외를 시켰지만 딴 짓을 하는데 더 관심이 많았다. 그의 말을 빌려보자.

"주변의 과외 멤버들은 모두 나보다 훨씬 똘똘했다. 그들은 선생님의 말씀을 나보다 쉽고 명료하게 알아들었다. 그런데 나는 선생님의 말씀을 잘 이해하지 못했다. 나는 정말 공부하는 것이 괴로웠다. 그러니 과외 책상에 앉기만 하면 졸음이 왔다. 그래서 소변 누러 간다고 하고 살그머니 빠져나와 위채에 있는 우리 집 따끈따끈한 안방 비단이불로 쏘옥 들어가 새큰새큰 잠들어버리고 마는 것이 나의 일과였다."

천안에서 초등학교를 마치고 서울로 간 그는 맏형인 김용준의 집에서 학교를 다니게 되었다. 맏형인 김용준은 그의 형제 중에서 모범이자 소위 KS(경기고-서울대) 출신이었다. 나이로 보면 아버지뻘인 큰형 아래에서 생활하기 힘들 법도 했다. 게다가 장조카인 김철재와 그 아래 김인중까지 KS 출신이 되었다. 그랬으니 조카들과 보이지 않게 비교를 당하기 일쑤였다. 그런 환경에서 청소년기와 청년기를 보내야 했던 김용옥은 엄청난 스트레스를 받고 생활했던 모양이다. 도올은 기회가 있을 때마다 형과 조카들로 인해 KS 콤플렉스에 시달렸다고 하소연하곤 한다.

다른 형제들 또한 그에겐 스트레스를 주는 대상이 되었다. 그의 둘째 형 용균 씨는 전남대 의대를 나와 개업의로 활동했고, 셋째 형 용환 씨는 경기고를 거쳐 가톨릭대에서 석·박사 학위를 딴 후 가톨릭대 등에서 피부과 교수를 지냈다. 누나는 이화여대를 나와 텍사스여대에서 박사학위를 받은 김숙희 전 교육부장관이었고 바로 위 누나는 이화여대를 졸업했다. 그 콤플렉스는 그를 평생학습에 몰두하게 하는 학습인으로 만들어 주었다.

역사적으로 유명한 인물 중에는 콤플렉스를 제대로 다루어 성공한 사람들이 많다. 나폴레옹, 헬렌 켈러, 에디슨, 뉴턴, 아인슈타인, 베토벤, 쇼펜하우어 등이 그러하다. 콤플렉스의 건전한 수용은 사람을 성장시킨다. 그런 점에서 현재의 김용옥을 만든 힘에는 KS콤플렉스가 있음을 알게 된다. 김용옥은 콤플렉스 앞에서 좌절하기보다는 절차탁마(옥이나 돌 따위를 갈고 닦아서 빛을 낸다는 뜻으로 부지런히 학문과 덕행을 닦음을 이르는 말)의 노력을 해서 지금은 자기 가문에서 가장 유명한 사람이 되었다. 그의 사상적 편향과 인생의 남독은 그런 콤플렉스가 배경이었음을 미루어 짐작할 수 있다.

둘째, 왕성한 독서를 통해 폭넓은 학문적 기반을 닦았다는 것이다.

도올 강의의 특징은 방대한 지식을 바탕으로 한 폭넓은 시각으로 동서양을 넘나들고, 고대와 현대를 아우르는 것이다. 다음으로 '자기 생각을 쉽고 재미있게' 이해시키는 재능이 탁월하다. 어려운 고전을 주제로 한 그의 TV강의가 교양프로그램 최고의 시청률을 기록한 것이 단적인 증거다. 처음에는 탁한 목소리가 귀에 거슬리지만 연신 땀을 훔치며 열정적인 강의를 하는데 시청자의 경계심은 무너진다. 그는 잘난 체하는 것이 대중에게 가까이 다가설 수 있다는 것을 실험적으로 실천하는 사람이다. 인문학의 중요성이 증대되고 있는 이때 '인문학에 대한 대중의 관심'을 불러일으킨 그의 공적은 높이 평가받아야 할 것이다. 그래서 그를 싫어하는 인물들도 많다.

김용옥 교수는 그렇다면 처음부터 이런 재능을 타고난 것일까? 『절차탁마 대기만성』이란 그의 책 제목이 그의 노력을 대변해준다. 도올(檮杌)이란 호도 재미있다. 어원은 어려서부터 '돌대가리'라는 소리를 들었기 때문에 '도올=돌'의 음을 취하여 호를 삼았다 한다. 여러 대학을 전전하던 그는 대학 입학 얼마 후 악성 관절염에 걸려 정상적인 활동이 불가능하게 된다. 학교를 휴학한 그는 고향집에 내려와 1년 반을 아버지 병원 2층 한구석 방에서 꼼짝없이 누워 지내야 했다. 그 고통이 얼마나 심했는가 하면 '간호사들의 주삿바늘을 뺏어 내 손으로 직접 아편을 푹푹 찔러대며 그러한 마취상태에서 하루하루를 넘기고 살'만큼 혹독한 통증이었다고 한다.

사람은 늘 어렵고 힘들 때 그 진가가 발휘된다. 성공한 사람들은 고난을 성장의 기회로 만들고, 실패한 사람은 고난 속에 절망을 배우고 좌절한다. 도올은 힘든 시기를 독서삼매경에 빠져 자신의 영혼을 살찌우는 기회로 만들어냈다. 그는 참기 힘든 고통 속에서 병실 천장에 책을 읽을 수 있는 걸이를 만들어 불교, 신유학, 한의학, 신학, 음악, 미술에 이르기까지 수천 권의 책을 읽었다. 당시 간호사를 시켜서 천안에 있는 서점의 책을 코너별로 통째로 사서 모두 읽었다는 유명한 일화도 있다.

특히 그를 페인의 지경으로 몰고 간 관절염이 다행히 한의사 권도원의 침술치료 덕에 낫게 되었다. 이를 계기로 그는 기의 세계와 철학에 빠져 동양철학을 공부하겠다는 결심을 한다. 고통 속에서 함께 한 그의 독서는 이후 평생 벗이 되었다. 그의 강의 특징은 결국 왕성한 독서를 바탕으로 한 사유에서 연유됨은 물론이다. 그의 천재성이 결국 고난을 기회로 만든 피나는 노력의 결과임을 알게 되면 숙연해진다.

셋째, 신념을 근거로 한 유목민적인 특성이다.

한자리에 진득하게 앉아 있어야 하는데, 도올 선생은 예술가적 기질이 넘쳐서인지 어느 쪽에 흥미가 있으면 미친 듯이 몰두했다가 금방 식고 다른 쪽으로 옮겨가는 버릇이 있다. 고려대 생물학과, 한국신학대, 고려대 철학과 편입, 대만국립대학원 석사, 동경대학원 석사, 하바드대학원 박사, 고려대 철학과 교수, 작가 및 극

작가 활동, 늦은 나이에 원광대 한의대 입학과 졸업, 한의원 개원, 순천대 교수, 문화일보 기자 등, 그의 변신을 보면 예측할 수 없는 특징을 가지고 있다. 이 과정에서 그는 60여 권에 달하는 저서와 100만 부 판매기록을 세웠다.

최근에 재즈를 접목한 고전강의를 기획하고 있다는 그의 변신은 끝이 어디인지 아무도 모른다. 그 외에 그를 대변하는 특징들은 고집, 집중력, 탐구욕, 탁월한 감성이라 말할 수 있다. 그의 말을 빌려보자.

"나는 어려서부터 머리는 좋지 않았으나 탐구력이 강했다. 그리고 매우 섬세한 감성과 탁월한 손재주의 소유자였다. 나는 홀로 있기를 좋아했으며 작은 일에 아픔을 감지하는 일이 많아 눈물이 특히 많았다. 지나가다가도 풀 한포기가 이상하게 눈에 띄면 그것에 대한 궁금증이 풀릴 때까지 쭈그리고 앉아 시간가는 줄 몰랐고 혼자 어두운 골방에 하루 종일 앉아 생각하느라 배고픈 줄을 몰랐다."

군부독재시절의 양심선언 발표 후 대학교수직 사퇴, 단식투쟁 등 여러 기행적 행동들은 그의 신념이 바탕이 된다. 지나친 신념은 늘 보통사람들을 불편하게 하는 특징이 있다. 신념이 지나치다 보면 아집과 독단이 되기도 하고 건전한 비판조차 수용하지 못하는 경우도 발생되기 때문이다. 그 때문에 그를 학문적으로 비판하거나, 그의 책과 강의를 꼬투리 삼아 비판서를 내는 사람들까지 생기는 것이다.

도올의 독서습관은 어떠할까? 책을 읽으면 온갖 구절에 다 밑

줄을 치는 스타일이다. 그의 말을 들어보자.

"나는 어떤 분야가 알고 싶을 땐 그 분야의 전문가를 찾아가 많은 이야기를 듣는다. 이어 그가 소개하는 인사 몇 명을 만나 공부한 후 그들이 추천하는 서적을 독파한다."

도올의 학습방법은 독서와 멘토링을 통해 자신의 관심 있는 분야를 섭렵한다. 만학도로서 한의대에 입학한 그의 의지만 보아도 알 수 있다. 한의학과 교수들의 말을 빌리자면 도올은 한 번도 강의에 빠진 적이 없으며, 언제나 맨 앞 책상에 앉아 큰 눈망울을 더욱 크게 뜨고 열심히 학업에 매진했다고 한다. 그는 성적우수 장학금을 받기도 했다. 같이 공부한 한의대생의 증언에 의하면 도올을 통해 '공부가 생활과 놀이'가 되는 것을 체험했다고 한다. 좀 더 쉬운 방법이 있음에도 불구하고 한의학 전문용어를 기초부터 다져가는 그의 모습에서 젊은 학생들은 숙연함을 느꼈다고 한다.

"나는 철학자이며 과학자이다. 나는 시인이며 예술인이다. 나는 소설가이며 영화감독이다. 나는 이 모든 것을 원한다. 그리고 나는 되고 있고 될 수 있다고 자신한다."

그가 즐겨하는 말이다. 그는 자신이 '무당'이고, 늘 '현재형'이며, 감정적이고, 때로는 짜증나는 인간임을 잘 알 뿐 아니라 이를 당당하게 긍정하면서 살아간다. 그런 점들이 일반인들에겐 오해를 사기도 하는 부분이다.

그는 대만대 석사논문을 20일, 동경대 석사논문도 20일, 하바드대 박사논문은 40일 만에 완성해서 제출했다고 한다. 『노자와 21

세기』등 도올의 저서를 한두 권 읽어 본 사람이라면 충분히 이해가 될 것이다. 그는 어디에 홀린 사람처럼 자기도취에 젖어 며칠 밤 만에 책 한권을 써 내기도 하는 사람이다. 그 때문에 책이 특정 분야에 대해 정확성이 떨어지고, 논리적으로 따져보면 거친 면들이 간혹 발견되기도 한다.

그는 종종 선비임을 자처한다. 선비는 바른 말을 해야 하며 끊임없이 학문에 정진해야 한다고 믿는다. 그러다보니 저서에서 특정 상대방을 모욕하거나, 혹은 자기가 모욕했던 경험담을 자랑스럽게 쓰는 경우도 종종 있다. 그런 면들이 대중이 가려워하는 곳을 정확하게 파악해 시원하게 긁어주는 그의 살아가는 색깔이기도 하고, 논쟁의 불씨이기도 하다.

그의 서재는 2만여 권의 장서로 가득하다. 그의 주변 사람들은 그가 놀라울 정도로 공부를 열심히 하는 공부벌레라 말한다. 학자를 '열심히 공부하는 사람'으로 정의 내린다면 한국에서 김용옥만큼 부지런한 학자도 드물다. 그는 옛날에도 부지런히 공부했고 지금도 열심히 공부하는 사람이다. 도덕경 연구에서 김용옥만큼 국제적으로 인정받은 사람도 없다. 하버드에서 그를 지도했던 벤자민 슈월츠 교수가 미국에 남을 것을 권할 정도로 김용옥은 다양한 언어와 다양한 학풍을 지닌 학자임은 그 누구도 부인하기 힘든 사실이다.

이 시대의 거침없는 선비 도올 선생에게 배워야 할 것은 현재에 만족하지 않고 항상 변화하며 끊임없이 공부하는 그 정신이다.

디지털 시대! 성자가 된 빌 게이츠

　스티브 발머와 함께 두 명이 시작한 MS사는 현재 7만 명 이상이 근무하는 신화적 기업이 되었다. 특히 회사의 공동 창업자 빌 게이츠는 세계에서 가장 많은 재산을 보유한 최고의 갑부이고, 가장 존경받는 비즈니스 리더이며, IT혁명의 기수요 디지털제국의 제왕으로 군림하고 있다. 오늘날 전 세계 컴퓨터의 90%가 빌 게이츠가 세운 마이크로 소프트의 운영체계를 사용하고 있다. 이 상황에서 빌 게이츠가 구상하고 제시하는 미래상은 얼마 가지 않아 우리의 현실이 될 것이라는 점에서 그의 영향력은 끝이 없다.

　오늘의 그를 있게 한 진정한 힘은 어디에서 온 것일까? 많은 사람들이 궁금하게 여기는 점이 바로 이 부분이다.

　빌에게는 백과사전이 최고의 아동서적이었다. 방대한 공부가 이미 독서로 이루어진 덕분에 그는 수학선생님을 가르칠 정도의 실력을 갖고 있었다. 지금도 엄청난 독서광으로 알려진 컴퓨터계의 거인 빌 게이츠는 매일 밤 1시간, 주말에는 3~4시간 동안 일간신문 잡지 등 최소 한권의 책을 읽는다. 그는 독서와 관련해서 유명한 말을 남겼다.

　"내가 어릴 적 책을 열심히 읽지 않았다면, 우리 동네와 우리 학교에 도서관이 없었다면, 오늘날의 빌 게이츠는 없었을 것이다."

　지식의 반감기가 빨라지고 있는 시대를 우리는 살고 있다. 지금 고등학교를 졸업한 85%의 학생이 대학에 진학하고, 대학 이상의 학력을 취득하기 위해 미국에 유학한 학생들만 10만 명이 넘는다. 이러한 때 빌 게이츠가 걸어온 길은 사람들이 강점과 재능을 어떻게 계발해야 하고 평생학습을 어떻게 실천해야 하는가를 가르친다. 학벌이 개인의 성공을 어느 정도 보장해주는 것이 엄연한 결과이다 보니, 사람들은 성공의 확률을 생각하며 평생학습과 강점혁명보다는 학벌에 더 비중을 두는 것도 사실이다.

지식정보화사회를 넘어 지혜화사회로 가는 지금 학습에 대해 새로운 개념을 가져야 할 필요성이 제기된다. 그런 측면에서 '훌륭한 독서가가 되지 않으면 참다운 지식을 얻을 수 없다. 비디오영상과 음향시스템이 발달한다 해도 책은 여전히 정보를 전달하는 최선의 방식이고 간접경험을 하는 최고의 방법이다'라는 빌의 말은 의미심장하다.

빌이 하버드라는 매혹적인 간판을 포기하고 창업의 길을 걸었을 때에는 자신에 대한 확신과 두려움을 동시에 가졌을 것이다. 결국 그는 학벌에 안주하기보다 독서를 통해 자신의 인생을 충분히 개척하고, 선택받는 인생보다는 선택하는 인생이 더 가치가 있음을 증명했다.

물질적 요구가 강요되는 시대를 우리는 산다. 따라서 경제적인 독립을 빨리 이루고자 하는 사람이라면 더 많은 독서를 해야 할 것이다. '독서습관은 100억 원보다 더 가치 있는 유산이다'라는 빌의 표현이 그가 독서에 대해 가진 애착을 정확히 말해준다.

대부분의 사람들은 돈을 벌고 싶은 욕망은 강하지만 돈을 벌기 위한 종자돈을 모으는데 주저한다. 경제적인 부를 성취하려는 사람이라면 더욱 독서를 통해 자신만의 통찰력을 얻어야 한다. 그래야 남이 볼 수 없는 세계 속에서 고객이 원하는 가치를 창출해 부를 이룰 수 있다.

독서는 부자가 되기 위한 최고의 종자돈이다. 빌에게 어느 날 기자들이 부자가 된 이유를 물었다. 그는 '오늘날의 나를 만들어 준 것은 조국도 아니고 어머니도 아니다. 단지 내가 태어난 작은 마을의 초라한 도서관이었다'는 대답을 했다.

신경영, 샌드위치론, 천재론, 창조경영 등 시대의 변화를 예견하는 화두를 던지는 것으로 유명한 국내 최고의 부자인 이건희 삼성 회장도 한 달에 평균 20권의 책을 읽는다고 한다. 부자가 되기로 마음을 먹었다면 책을 손에서 놓아서는 곤란할 것이다.

부자가 되는 방법에 대한 이론서들은 많다. 그러나 그 책을 읽은 사람들 대부분은 부자가 되지 못한다. 이유는 이론적인 방법을 실천하지 못하는 것이 주원인이다. 자신이 알고 있는 지식을 지혜로 바꾸기 위해 피나게 노력하는 과정이 없었기 때문이다.

빌 게이츠는 책을 읽는 보통 사람과는 달리 책을 통해서 두 번째의 노력을 더 많이 했기 때문에 세계 최고의 부자가 된 것은 아닐까? 월 로저스는 다음과 같은 말로 독서의 중요성을 강조했다.

"사람은 두 가지를 통해 배운다. 하나는 사람을 통해서, 다른 하나는 책을 통해서다."

빌은 컴퓨터 분야의 책뿐만 아니라 경제, 과학 등 모든 분야에 걸쳐 엄청난 독서력을 지닌 독서광이다. 그는 자선사업에 주력하면서 창조적 자본주의라는 말을 만들었다. 부자들의 사회에 대한 의무감(일명 노블리스 오블리제)을 강조하면서 그 자신이 재단을 통해 세상의 불우한 사람들을 돕는데 남은 인생을 바칠 준비를 하고 있다. 독서운동과 관련해선 97년 게이츠도서관재단을 설립했고, 연방정부 외에 단일 기부자로는 최고액인 2000만 달러를 도서관에 기부했다.

광속의 인터넷시대, 우리는 너무 빨리 달려가지 못해 안타까워한다. 유치원부터 대학생, 직장인까지, 대한민국에 산다는 이유로 빌 게이츠보다 더 바쁘게 산다. 우리가 빌 게이츠보다 바쁠 이유는 어디 있을까? 빌 게이츠가 독서광인 이유는 무늬만 바쁜 우리들에게 시사하는 바가 크다.

바쁜 현대인에게 책이 취미가 아닌 생활이어야 하는 이유는 무엇일까? 책 한권이 한사람의 인생을 결정적으로 바꿀 수 있을까? 도시의 빈민과 노숙자, 범죄인들에게 책이 주는 기능은 한 덩어리의 빵보다 유효할까? 태어나면서부터 책에 노출된 아이는 정말 효과를 볼까? 작은 도서관 하나가 마을 풍경을 바꿀 수 있을까? 책에 대하여 묻고 싶은 이 수많은 질문들도 책이 대답할 것이다.

책을 읽으며 견디는 시간이 30초도 안 되는 아이들이 점점 늘어나고 있다. 인터넷과 게임 중독으로 아이는 병들고 TV 앞에 가족들은 마비된다. 선진국은 여전히 책을 통해 리더십을 가르치고 있고 지금도 명문가와 영재들의 교육에서 독서는 맨 우선순위라 한다. 책을 읽으면 인생이 손해인 시스템에선 독서구호는 공허하기만 하다. 교육정책이 바뀌고 입시와 취직 시스템이 보완되지 않는한, OECD국가 중 월 평균 독서량 0.8권으로 꼴찌 신세라는 불명예는 떨쳐버릴 수 없다. 전문가들은 책 못 읽는 사회로 가는 미래는 매우 불안하다고 경고한다.

빌 게이츠는 외딴 별장에 머물며 '생각주간'(Think Week)을 가지는 것으로도 유명하다. 그는 일 년에 두 번씩 미국 서북부지역의 작은 별장에 일주일 간 칩거하며, 마이크로소프트사의 장래, 더 나아가 디지털세계의 향방을 결정지을 아이디어와 전략을 창출하는 '생각주간'을 갖는다. 과연 빌 게이츠는 '생각주간'에 무엇을 하는 것일까?

빌 게이츠의 '생각주간'을 취재한 〈월 스트리트 저널〉에 따르면, 그는 출입이 허락된 사람이라곤 간단한 식사를 챙겨주는 관리인뿐인 2층짜리 소박한 별장의 침실에서, 온종일 전 세계 마이크로소프트사 직원들이 작성한 보고서와 제안서를 읽으며 새로운 아이디어와 전략구상에 골몰하고 있었다. 당시 빌 게이츠는 이미 사흘 동안에 56편의 보고서를 읽었고, 일주일 동안에 100편이 넘는 보고서를 읽을 계획이었다. 그는 또 보고서만 읽는 것에 그치지 않고 내용이 맘에 들면 즉시 보고서를 작성한 담당직원에게 이메일을 보내 자신의 의견을 전달하면서 상호간에 즉각적인 아이디어를 교환한다고 한다. 그야말로 '생각주간'은 곧 마이크로소프트사의 전 직원이 갖고 있는 지적역량이 총집결되어 그 헤드에 의해 그것들이 정리되고 소화되어 새로운 전략으로 재탄생하는 순간인 것이다.

빌 게이츠의 '생각주간'은 지난 20년 동안 단지 MS사의 생존뿐 아니라 디지털세계를 리드하게 하는 '힘의 근원, 전략의 원천'이 되었다. 지난 1995년에는 당시 독보적 위치였던 넷스케이프를 무너뜨리고 MS의 익스플로러를 탄생케 했던 문제 보고서 '인터넷의 조류'(The Internet Tidal Wave)를 읽고 결단을 내린 것도 역시 '생각주간'이 낳은 산물이었다. '생각주간'에 그를 올바른 결단을 하게 하는 힘 역시 독서와 성찰이다.

혼자만의 고독한 시간에 늘 그를 지켜주는 것은 책이었다. '생각주간'이라는 자신만의 독특한 고독의 시공간을 통해 더 분명한 미래를 응시하는 리더 빌 게이츠. 그는 그야말로 우리시대의 탁월한 감성리더다. 그는 공식석상에서 '컴퓨터가 책을 대체하리라고는 생각하지 않는다'고 말해 눈길을 끌기도 했다. 그는 바쁜 일과 중에도 매일 한 시간씩, 주말에는 두세 시간씩 책을 읽고, 출장을 갈 때에도 꼭 책을 챙긴다.

독서가 일상이 되는 것은 일상에서 사업의 아이디어를 얻기 위해서이다. 책은 그 자체가 아이디어가 될 수 없을지 몰라도 훌륭한 아이디어를 만들어내는 촉매제로서는 최고의 역할을 해준다. 이것이 빌 게이츠의 독서를 통해서 우리가 배워야 하는 점이다.

빌 게이츠가 남긴 열 가지 명언

1. 인생이란 원래 공평하지 못하다. 그런 현실에 대하여 불평할 생각하지 말고 받아들여라.

2. 세상은 네 자신이 어떻게 생각하든 상관하지 않는다. 세상이 너희들한테 기대하는 것은 네가 스스로 만족하다고 느끼기 전에 무엇인가를 성취해서 보여줄 것을 기다리고 있다.

3. 대학교육을 받지 않는 상태에서 연봉 4만 달러가 될 것이라고는 상상도 하지 말라.

4. 학교 선생님이 까다롭다고 생각되거든 사회에 나와서 직장 상사의 진짜 까다로운 맛을 한번 느껴봐라.

5. 햄버거 가게에서 일하는 것을 수치스럽게 생각하지 마라. 너희 할아버지는 그 일을 기회라고 생각하였다.

6. 네 인생을 네가 망치고 있으면서 부모 탓을 하지 마라. 불평만 일삼을 것이 아니라 잘못한 것에서 교훈을 얻어라.

7. 학교는 승자나 패자를 뚜렷이 가리지 않을지 모른다. 그러나 사회현실은 이와 다르다는 것을 명심해라.

8. 인생은 학기처럼 구분되어 있지도 않고 여름방학이라는 것은 아예 있지도 않다. 네가 스스로 알아서 하지 않으면 직장에서는 가르쳐주지 않는다.

9. TV는 현실이 아니다. 현실에서는 커피를 마셨으면 일을 시작하는 것이 옳다.

10. 공부밖에 할 줄 모르는 '바보' 한테 잘 보여라. 사회 나온 다음에는 아마 '그 바보' 밑에서 일하게 될지도 모른다.

경제전문가로 탈바꿈 한 의사 박경철 원장

정식 직업은 외과의사이지만 취미로 시작한 주식투자가 부업으로 되었고, 주식투자와 관련된 글쓰기와 강연 등으로 부업이 본업보다 비중이 더 커진 사람이 있다. 그가 책을 쓰면 베스트셀러(시골의사의 아름다운 동행, 시골의사의 부자경제학, 시골의사의 주식투자란 무엇인가 등)가 되고, 그가 투자설명회에서 강연을 하면 투자자들이 인산인해를 이룬다. 인기로 보자면 유명 탤런트 이상이고, 영향력으로 따진다면 증권사 리서치센터장을 능가하는 사람이 있다. 그가 박경철 원장이다.

박경철은 모른다 하더라도 '시골의사'라고 하면 대부분 사람들이 안다. 그는 의사이면서도 경제방송을 진행하고, 독서토론방송에 패널로 참석하며, 유명 일간지에 박경철의 직격인터뷰를 연재하고 있다. 그는 경영관련 학위를 받지 않았음에도 불구하고 증권사 직원들에게 주식을 가르치며, 2006년 12월 외부 인사로는 처음으로 '증권선물인상'을 수상하기도 했다.

그를 이토록 종횡무진하게 만드는 힘은 무엇일까? 그는 태어날 때부터 레오나르도 다빈치처럼 다재다능한 천재로 태어난 것일까? 그의 말을 들어보자.

"저는 둔재입니다. 외과전문의가 되기 위해 죽기 살기로 공부했지요. 제가 한 노력은 정말 엄청났습니다. 의대시절 제 성적은 잠안 자며 공부해도 겨우 중간에 머물렀습니다. 최고의 외과의사가 되기는 틀렸구나 생각했죠. 그래도 의미 있는 사람은 되고 싶었습니다. 본과 1학년 때 선진의학을 공부하기 위해 '타임'과 '이코노미스트'의 의학코너를 독해하는 '메디칼 잉글리시' 과목이 있었습니다. 그런데 의학 분야만 읽고 버리기 아까워 이것저것 훑어보니 금융과 주식투자를 비중 있게 다루고 있더군요. 당시 미국이 증시 활황이었는데, 10~20년 후에는 우리나라도 그럴 거라는 생각이 들었습니다. 그때부터 죽어라 공부를 시작했죠. 똑똑한 친구가 너무 많은 의학에 비하면 당시만 해도 눈여겨보는 이가 드문 이 분야를 공부한다면 승산이 있겠다 싶었어요. 그때부터 외국에 나가는 선배나 친지들에게 부탁해 책을 구해 공부를 시작했습니다."

그는 일찍부터 블루오션 전략을 실천하는 학습인이었던 셈이다. 경제 TV나 'TV 책을 말하다' 프로에 패널로 출연한 박경철 원장을 처음 대하는 사람들은 그의 촌철살인과 여러 방면을 넘나드는 해박한 지식에 놀라게 된다. 그의 거침없는 말투는 다독, 그리고 삶의 철학과 깊이 연관되어 있다. 그의 독서이력은 얼마 정도일까?

박 원장은 경북의 한 시골에서 경찰관 아버지와 문학소녀였던 어머니 사이에서 태어났다. 그의 어머니는 어린 시절부터 공부하라는 잔소리보다는 책 읽는 분위기를 만들어 주었다. 맹모삼천지교로 시골에서 초등학교 6학년 때 대구의 부자동네로 이사를 가게 되었던 그는 같은 반 친구 집에 놀러갔다가 자기 집과 비교할 수도 없을 정도로 책이 많은 것에 충격을 받는다. 그날 이후 그는 책에 빠져들기 시작한다. 중고등학교가 같이 있던 학교를 다닌 그는 중학교 3년간 도서관에 있는 책을 모두 읽었다. 수업만 끝나면 도서관에 달려가 밤 12시까지 책을 읽었는데, 그때부터 독서는 그를 다른 사람과 다른 관점을 갖도록 만드는 튼튼한 토양이 되었다.

박 원장이 처음부터 주식전문가가 되었던 것은 아니다. 10년간의 주식투자 실패 후 스스로 독서를 통해 금융지식을 넓힌 결과다. 그는 미국경제학자 제레미 리프킨(Jeremy Rifkin)이 말한 '잉여인간'(organic material)에 대해 자주 언급을 한다.

"세상은 0.1%의 창의적인 인간, 0.9%의 통찰력과 직관을 갖춘 안목이 있는 인간, 99%의 잉여인간으로 구성되어 있으며, 이중 창의적 인간과 안목을 가진 인간이 세상의 문명을 창조하고 발전시키며 유지해나간다는 것이다."

0.1%의 창의적인 인간은 노력과 학습으로 될 수 없고 천부적인 재능이 필요하다. 0.9%의 안목이 있는 인간은 노력과 학습으로 가능하다. 선택과 결단은 0.9%가 되고자 하는데 달려있다. 그 길은 좁은 문이다.

박 원장은 세상을 움직이는 1%가 되기 위해서 '공부'와 '사유'(思惟)를 선택했다. 그는 자신이 창의적인 0.1%가 될 수 없다고 판단해 '거인의 어깨 위에 올라서라'는 말처럼 공부와 사유를 통해 0.9%가 되기로 마음을 먹었다. 그는 미친 듯이 책에 빠져든 책벌레가 되었다. 그의 말을 빌려보자.

"대학 졸업 후 인턴을 하면서 주식투자를 시작했는데, 10년 동안 실패의 쓴맛만 봤습니다. 10년을 깨지고 나서야 잘못을 알았죠.

투명하지 않은 한국기업에 투자하면서 미국식 투자론을 적용했으니 깨지지 않는 게 이상한 거죠. 1990년대 중반부터 투자방법을 바꾸면서 숨통이 틔기 시작했습니다. 그 무렵 외환위기를 예견하는 글을 썼고, 그 예측이 맞아떨어지면서 유명세를 타 각종 주식사이트에 글을 올렸습니다. 1990년대 후반의 대활황, 2002년의 폭락, 그리고 2005년부터의 상승 등 증시 흐름의 맥락을 잡는 예측들이 다 맞아떨어졌죠. 그 시절 정말 열심히 글을 썼는데, 제가 마치 독수리 5형제라도 된 기분이었습니다. 시장에서 늘 깨지기만 하는 개미투자자들을 지켜야 한다는 정의감 같은 게 있었어요."

박경철 원장을 주의 깊게 관찰하면 그의 인생에는 철학적인 사유가 묻어있음을 발견할 수 있다. 이 점이 박 원장의 성공을 더욱 돋보이게 한다. 그가 특히 주장하는 '소갑론'(小甲論:작은 갑 이론)은 이 시대 지식근로자들이 주의 깊게 경청해야 할 대목이다. 여기서 갑은 사회관계에서 힘의 우위관계를 나타내는 갑(甲)과 을(乙)에서의 갑이다. 우리가 사는 사회는 수많은 갑과 을의 관계가 존재한다. 현대사회를 살아가는 사람은 모두 수많은 갑과 을의 관계 속에 존재할 수밖에 없으며, 대부분은 갑과 을이 평생 유지될 것이라는 착각 때문에 그것의 변형을 생각하려 하지 않는다.

예를 들어 힘 있는 부서의 공무원이나 기업의 구매부서에 근무하는 사람은 자기의 고객들을 평생 을로서만 살 것처럼 생각하고 행동하는 경우가 적지 않다. 이것은 힘의 관계가 크면 클수록 심해지는 경향이 있다.

박 원장이 말하는 소갑론은 바로 '갑은 갑이되 통상적인 갑처럼 얽매이지 않고, 을 위에 군림하지도 않는 독특한 포지션'을 뜻한다. 쉽게 말하면 시간마다 촘촘히 짜인 일정의 속박을 받지 않고, 자기가 하고 싶은 것을 하면서 사는, 자유인을 가리킨다. 하고 싶고 잘하는 것을 하니 성과도 좋고, 삶의 보람도 생기며, 다른 사람의 눈치를 살피지 않고 하고 싶은 말을 직설적으로 할 수 있을 정도로 당당해지는 것이다.

박 원장이 소갑론이란 인생철학을 터득한 것은 10여 년 전. 그는 의과대학을 졸업하고 의사가 되어 정신과 육체가 한꺼번에 녹초가 되는 수술을 마치고 소주를 박스 채 갖다놓고 마신다. 여기에 카드와 골프를 하면서 인생의 소중한 시기가 혼수상태처럼 무의미하게 흘러가고 있었다. 그러던 어느 날, '이러면 안되겠다'는 깨달음을 갖고 결단을 했다. 술·담배·도박·골프·여자 등 5가지를 끊으면 인생이 달라진다는 독한 결심을 했다. 5가지를 끊으니 남는 엄청난 시간에 그의 독서여행은 다시 시작되었다. 정치·경제·사회·문화·역사·주식 등 분야를 가리지 않고 넓고 깊게 읽은 책들이 쌓이면서 그는 주식과 경제뿐만 아니라 정치와 사회 등 모든 분야를 종합적으로 통찰할 수 있는 시각을 갖게 됐다. 특히 15년 전 친구와 함께 들었던 미래학자의 강의를 그는 귀담아 듣지 않았는데 그 강의를 같이 들었던 백수였던 친구가 그 강의에서 아이디어를 얻어 벤처로 성공하는 것을 보면서, 박 원장은 잉여인간이 되지 않기 위해 미래관련서적을 집중적으로 탐독하게 된다. 앨빈토플러의 『제3의 물결』같은 책은 10번 이상을 읽었다고 한다.

한권의 책이 인생을 변화시키지는 않는다. 많은 독서를, 그러한 경험들이 쌓여지고 난 이후 그러한 경험들이 한 단계 도약을 원할 때 다른 경지로 자신을 이끌어 줄 것이다. 그런 책은 어쩌면 자신의 강점을 일깨워주는 강력한 섬광과도 같은 것이다. 대오각성을 통해 자신이 무슨 길을 걸어야 하는가에 대해서도 역할을 하는 것이다.

우리는 가끔 '명사들의 인생에 영향을 준 책'을 사서 보지만 대부분 기대보다 못 미치는 결과를 얻는다. 그곳에서 큰 고기라도 한번 낚고 싶었는데, 월척은커녕 피라미 한 마리 잡지 못하고 책을 덮는 경우가 많다. 서머리나 요약본은 늘 사람들을 현혹한다. 사람들은 힘들게 노력해서 얻는 것보다는 지름길을 찾는 것을 즐긴다. 까닭에 그런 책들이 늘 지속적으로 양산되는지도 모른다.

사람은 모두 세상을 바라보는 렌즈가 다르다. 따라서 자신의 심장을 강하게 울리는 책도 다를 것이다. 그런 점을 생각한다면 자기 인생을 변화시킬 수 있는 책은 책을 읽는 자신의 목적과 일치하며 자신의 강점이 결합될 때 그 위대함을 낳는다.

박경철 원장의 독서관은 어떠할까? 그는 '재미만 추구하고 읽기 쉬운 책만 보는 것은 놀이이지 진정한 독서가 아니다'고 말한다. 그는 또한 '읽기 쉬운 책만 골라잡는 것은 대단히 나쁜 태도'라고 지적한다.

"독서는 사유가 같이 공진해야만 합니다. 공자도 논어에서 공부만 하고 생각이 없으면 쓸모가 없고, 생각만 하고 공부를 하지 않으면 위험하다고 했지요. 나쁘게 말하면 취향이 없고, 좋게 말하면 걸림이 없습니다. 저를 아는 사람들은 저의 독서편력을 '질환'이라고까지 합니다. 그런 제게도 책을 선정하는 기준은 있습니다. 시간 때우기로는 읽지 않는다는 겁니다. 재미로 책을 읽는 사람들을 보면 어리석다는 생각이 들어요. 재미로 따지자면 책 읽는 것보다 재미있는 일이 얼마나 많습니까. 뭔가를 얻기 위한 독서습관이 필요합니다. 저의 경우엔 마조히스트적(피가학적)인 글 읽기를 하는 편입니다. 제가 보기에 좀 버거운 책을 고르는 거죠. 그렇게 점점 난해한 책을 읽다보면 지적 욕구들이 해소되고 세상을 보는 눈도 커집니다."

박 원장은 주식투자로 많은 돈을 벌었다. 핸드폰이 처음 나왔을 때 대부분의 사람들은 핸드폰의 진화에 회의적이었다. 그는 그러나 직관과 통찰력으로 핸드폰의 소형화와 대중화를 예측하고 국내 이동통신사의 주식을 매입하기 시작했다. 그는 이때 '주식투자로 돈을 벌었다는 사실보다 잉여인간을 탈출했다는 사실이 더 기뻤다'고 한다.

그는 현재 한 달이면 50회의 강연을 하는 인기강사가 됐다. 이외에도 각종 인쇄매체에 연재하는 칼럼이 20개가 넘는 베테랑 칼럼니스트이자 라디오와 TV의 여러 프로그램에 패널로 출연하는 방송인이다. 한편으론 바이오업체의 경영에도 관여하면서 친구와 공동 경영하는 경북 안동 신세계연합병원에서 일주일에 사흘은

진료와 수술을 하는 외과전문의다. 그는 일주일에 하루는 심야 고속버스를 타고 내려가 이튿날 새벽부터 수술을 하고 오후에 서울로 돌아오는 강행군을 하며 의사로서의 소임을 챙겼다. 그러면서도 한 달에 수십 권의 책을 읽는 독서광이기도 하다.

박 원장이 고향 안동의 '시골의사'가 된 데는 스무 살 때 '나이 마흔이 되면 고향에서 함께 병원을 하자'고 한 친구와의 약속을 지키기 위해서였다. 그는 대전에서 중앙성심외과를 개업해 크게 성공했다. 그 병원은 하루 500명의 환자를 볼 만큼 문전성시였다. 5년 동안 병원을 운영하면서 진료 횟수에서 의원으로는 전국 8위, 의사 개인으로는 3위를 기록했을 정도였다. 까닭에 그는 계획보다 빠른 서른여덟에 친구와 같이 안동에 병원을 냈다. 그가 얼마나 인간적이고 신뢰를 중요시하는가의 일면을 엿볼 수 있는 대목이다.

그는 현재 세상의 변화를 위해 여러 가지 계획을 가지고 있다. '개천에서 용 만들기 프로젝트'라 이름 붙일 수 있는 장학재단 사업이 그 중 하나다. 3년 전부터 전국의 학생들을 불러 2박3일간 안동 종갓집에서 숙식시키며 강연과 강의 프로그램을 시범적으로 실시하고 있다. 실천하는 지식인으로 살아가고 있는 그의 행보가 세상에 어떤 변화를 가져올지 궁금해지는 이유다.

공병호의 실용독서 8계명

1. 세상이 아무리 바뀌어도 지식의 원천은 역시 책이다.

2. 본전 생각으로부터 자유로워야 한다.

3. 2퍼센트 내외의 핵심은 저자 서문, 목차, 결어 및 초기의 핵심 장에 숨어있다.

4. 구입한 즉시, 혹은 24시간 내에 책의 핵심 부분을 읽는다.

5. 책은 무자비하게 대하라.

6. 중요한 문장이나 내용은 펜으로 마음껏 표기하라.

7. 중요한 내용이 담긴 페이지의 모서리를 다양한 방식으로 접어라.

8. 인상 깊이 읽었던 책은 가까운 곳에 두고 이따금 펴보라.

'책 읽는 도시' 가꾸는 김종간 김해시장

김해시 삼계동에 위치한 화정글샘 도서관. 얼마 전 문을 연 이 도서관에는 개관하면서 놀라운 일이 벌어졌다. 그리 크지 않은 도서관에 김해시민 2만여 명이 찾아와 축하를 해주었기 때문이다. 정말 놀랄 일은 그 이후에도 일어났다. 매일 천 명이 넘는 방문객이 책을 빌려가더니 불과 한 달도 안 돼 도서관에 구비된 장서 2만 5천 권의 상당수가 대출되었다. 시청 민원실에는 책을 더 갖다 달라, 차라리 도서관을 더 지어달라는 시민들의 민원이 지금도 끊이지 않고 있다.

지금 김해는 책읽기의 매력에 푹 빠졌다. 김해시청이 2007년부터 김해를 '책 읽는 도시'로 선포한 이후, 김해는 대한민국의 그 어느 시·도보다 시민들이 자유롭게 언제 어디서나 마음껏 책을 읽을 수 있도록 환경을 조성하고 있다. 이 사업의 첫 물고를 트고 진두지휘를 한 사람은 다름 아닌 김종간 김해시장이다. 그는 공직자로서는 드물게 자신의 독서일기를 책으로 낼 정도로 책에 대한 열정이 대단한 사람이다. 아마 그가 없었다면 지금 김해시의 책읽기 열풍은 없었을 것이다.

'외적 성장을 추구하는 도시에서 책 읽는 문화운동을 통해 정신적으로 성숙한 도시로 한 단계 격상시키겠다'고 선언한 도시의 수장이 바로 김종간 김해시장이다. 그는 '김해의 미래가 바로 책읽기에 달려있다고 확신한다'며 '책도시' 추진 이유를 밝혔다.

김 시장은 고교 졸업이 최종학력으로, 독서를 통해 배움 부족을 극복했다고 한다. 이런 인생 이력 때문에 독서에 대한 신념이 강한 그는 학벌중심이 강한 우리사회에서 오랜 시간 독서를 통해 자신을 변화시켰고, 이제 조직과 사회의 변화를 위해 움직이고 있다. 그는 솔선수범해서 자신이 읽은 책을 정리해 시청 홈페이지에 올려 공직자들의 독서를 장려하기도 하고, 그 내용을 엮어 책으로 출간하기도 했다. 또한 일정규모 이상의 사업장에는 반드시 책을 읽을 수 있는 장소를 의무적으로 설치하라는 조례도 만들었다. 그가 전개하는 독서운동은 다른 지자체나 외국에서도 벤치마킹을 올 정도로 주목을 받고 있다.

그렇다면 김해시에서 추진하고 있는 책 읽는 도시의 내용은 어떤 것일까? 지방자치단체가 독서라는 지식문화 콘텐츠를 도시의 미래 이미지로 내건 것은 김해가 처음이다.

김해시는 '책 읽는 도시 김해'의 대표적 사업으로 책 읽는 사회문화재단과 공동으로 장유지역에 기적의 도서관을 건립하고, 북스타트 운동을 확대해 장기적으로 북스타트 국제심포지움을 개최한다는 계획이다. 또한 2010년까지 외국인노동자지원센터 내에 외국어전문도서관을 개설해 내외국인이 함께 하는 다문화서비스 공간을 조성할 계획이다. 김해시는 이와 함께 전국 최초이자 유일한 '인문학 읽기 전국대회'를 매년 10월에 열어 세계인문학대회도 개최하고, 2012년 이후에는 유네스코 '세계 책의 수도' 지정을 추진키로 하였다. 김해시는 또한 시(市) 차원에서 '거실을 서재로' 운동을 벌여 거실에서 TV를 몰아내고 가정에서 책을 읽는 문화를 만들기 위한 캠페인을 펼치고 있다.

김해시는 이를 위해 초·중·고생 자녀를 둔 가정을 대상으로 거실을 서재로 바꾼 체험기를 공모해 100가구에게 각각 10만 원 상당의 도서상품권을 주기도 한다. 그뿐이 아니다. 김해시는 도서관 확충사업도 시작했다. 현재 공공도서관 두 곳을 새로 짓고 있으며 기존 장유 도서관에 이어 칠암도서관의 어린이실과 유아실을 리모델링하고 있다. 또한 어린이 전용 기적의 도서관을 세우는 등 2015년까지 현재 네 곳의 공공도서관을 10곳으로 늘리고 27곳의 마을도서관을 100곳으로 늘려 마을마다 도서관을 갖추도록 할 계획이다.

김해시는 도서관 짓기와 함께 독서운동도 함께 벌이고 있다. 대표적인 것이 북스타트의 도입이다. 생후 8개월 전후의 아기를 둔 가정에 책꾸러미와 함께 책 읽어주는 방법을 알려주는 북스타트 운동으로 매해 태어나는 7천여 명의 신생아가 책꾸러미를 받게 된다. 김해시는 이를 위해 '책읽기 운동본부'를 만들고, 자원활동가나 북스타트 도우미를 양성하고 있다. 이 밖에 장애인을 위한 점자정보도서관을 만들고, 저소득 소외계층을 위한 '찾아가는 도서관' 서비스도 크게 늘려나갈 예정이다.

그렇다면 무엇이 그로 하여금 책 읽는 도시를 만들도록 한 것일까?

김해시 한림면에서 태어난 김종간 시장은 홀어머니 아래에서 자라 남들처럼 풍족한 생활을 할 수 없었다. 철이 일찍 든 그는 홀어머니에게 경제적 부담을 지울 수 없다는 생각에 인문계 고등학교 진학을 포기하고 농업계 고등학교에 진학하게 된다. 하지만 배움에 대한 열정은 누구보다 강했다. 가난해서 책을 살 수 없는 형편이었지만 그는 한번도 배움에 대해 게으름을 피우지 않았다. 한번은 친구 집에 놀러갔다가 거실에 비치된 금박과 은박으로 양장된 책을 보고 그 책들을 어찌나 읽고 싶었던지 화려한 케이스는 자리에 그대로 놔두고 책만 쏙 빼서 한두 권씩 빌려다 읽었다. 이렇게 독서에 빠지다보니 어느새 거실의 책들을 거의 다 읽게 되었고, 그는 독서광이 되었다.

한번 독서에 빠진 그의 습관은 군대에 가서도 계속되었다. 가정 형편이 어려워 남보다 일찍 군대에 간 그는 누구보다 책을 많이 읽었다. 동년배들이 대학에 진학해 상아탑의 낭만과 함께할 때 그는 책을 스승으로 삼아 가슴에 담긴 열정을 위인들과 나누기도 하였다. 제대를 한 그는 다른 사람이 큰 관심을 보이지 않던 가야문화에 대한 연구를 본격적으로 하게 되었고, 마침내 가야문화에 대해 자타가 인정하는 전문가가 되었다. 국사편찬위 사료조사위원, 가야대학교 교수, '김해신문' 창간인 등 학계와 정계에서 꾸준히 경력을 쌓아온 그는 다른 사람이 불가능하다고 말한 김해시장에 도전해 당선이 되었다.

그는 시장이 된 지금도 독서를 계속하고 있다. 그는 책읽기가 혼자만의 것이 되지 않게 하기위해 매주 솔선수범하여 김해시청

직원들을 위한 서평일기를 인터넷에 올린다. 『군주론』, 『동물농장』, 『갈매기의 꿈』 등 고전은 물론 『친절한 복희씨』, 『남한산성』, 『바리데기』와 같은 최근 한국문학을 비롯해 『아름다운 가치사전』, 『강아지 똥』, 『인디고서원에서 행복한 책읽기』 등 아동청소년 도서까지 수십 권이 넘는 다양한 책들의 서평이 올라있다. 틈틈이 올려진 이 서평들은 얼마 전 책으로도 묶여 『행복도시 김해, 책에서 찾다』라는 제목으로 출간되기도 했다.

김 시장은 '김해에서 자라는 모든 아이들이 책을 통해 꿈을 키워나갈 수 있도록 하겠다'며 '김해를 아이 키우기에 가장 좋은 교육도시로 만들겠다'고 포부를 밝혔다.

김해시는 이를 위해 인구 12만 명당 1곳 꼴로 현재 4곳의 공공도서관에 불과한 지역도서관 현황을 오는 2015년까지 10곳으로 확대하고 시민이 손쉽게 접근할 수 있는 마을회관, 아파트관리사무소, 주민자치센터 등지에 장서 규모 1만 권 이하 수준의 작은 도서관을 지속적으로 설치해 2015년까지 100곳을 조성한다. 또 직장인을 위해 현재 오후 6시까지인 시립도서관 운영시간을 오는 7월부터 오후 10시까지 연장하고 장애인을 위한 독서열람대와 음성리더기 확대 설치, 가정방문 배달서비스도 더 늘려나갈 방침이다.

김해에는 지금 큰 도서관을 비롯해 작은 도서관이 많이 있다. 이름도 '작은 도서관', '참작은 도서관'이다. 이 도서관에는 1백 권도 안 되는 책을 비치하고 있지만 아이들과 시민들에게 인기가 많다. 김해시는 조만간 이 작은 도서관들과 큰 도서관의 정보시스템을 모두 합쳐 하나로 통합할 예정이다. 그렇게 되면 김해시민들은 원하는 책이 어느 도서관에 있는지 한 눈에 볼 수 있고, 그 책이 어디 있든 누구나 손쉽게 빌려 볼 수 있게 된다.

그렇다면 무엇이 그를 이토록 독서에 빠지게 한 것일까? 그의 말을 들어보자.

"아무리 독서를 지겨워하는 사람이라도 한두 권만 맛있게 책을 읽고 나면 독서에 푹 빠지기 마련입니다. 그런데도 사람들이 독서를 안 하는 가장 큰 이유는 책을 읽을 수 있는 환경이 마련되지 않아서입니다. 주위에 도서관이 적기 때문이죠. 도서관이 많아지면 사람들도 자연스럽게 책을 읽습니다. 도서관 건립은 개인이 하기엔 만만치 않은 일입니다. 그래서 김해시가 나서서 도서관을 세웠습니다. 그랬더니 책 읽는 사람들이 늘기 시작한 것입니다. 제가 책을 좋아해서 시작한 사업인데, 이렇게까지 호응이 좋을 줄은 꿈에도 몰랐습니다. 시민들을 만나면 어떤 분은 잘했다, 어떤 분은 아직 멀었다며 칭찬과 독려를 아끼지 않습니다. 그 말씀들이 '책 읽는 도시'를 만드는 용기와 힘이 되고 있습니다. 함께 일하는 시청 직원들은 책을 읽고 나서 예전에 없었던 아이디어들을 많이 쏟아내고 있습니다. 좋은 게 너무 많아 무엇을 택할지 고민입니다."

김 시장은 청소년들을 만날 때마다 '자신을 사랑하라'는 말을 먼저 꺼낸다. 자신이 자신을 사랑해야 남도 자신을 사랑할 수 있기 때문에 먼저 자신부터 사랑하는 법을 배우라고 말한다. 그 으

뜸가는 방법으로 그는 책읽기를 추천한다. 책을 읽는 동안에는 그 누구의 방해도 받지 않고 저자와 단독으로 만날 수 있을 뿐만 아니라 자신과도 홀로 대면하게 되고, 그러는 사이에 깨닫지 못한 자기 자신의 모습과 자신의 아름다움을 발견하게 된다는 것이 그의 생각이다. 자신에 대한 앎이 늘면 늘수록 저절로 자신을 사랑할 수밖에 없으며, 그러한 방편을 제공하는 독서는 자기 연마의 최고 방법이라고 김종간 시장은 누차 강조한다.

| 전문가들의 독서법 - 보보(이희석) |

보보(이희석)가 말하는 13가지 독서지침

1. 매달 일정액만큼 책을 구입하라.

2. 도서관이나 서점에서 보내는 시간을 가져라.

3. 소장하고 있는 책을 분야별로 분류해보라.

4. 한권의 책을 읽고 '바로 이 사람이다!' 싶은 느낌을 받았다면 그의 전작을 읽어 보라.

5. 개인 서재를 꾸며라.

6. 책을 읽을 때에는 마음을 다하여 연애편지를 읽듯이 읽어라.

7. 여유가 없을 때나 문제가 발생했을 때 책을 읽어라.

8. 겉표지나 제목, 추천 등에 현혹되지 마라.

9. 명작일수록 비판적으로 읽어라.

10. 독서를 통해 기초 지력을 강화하라.

11. 항상 책을 들고 다니고 시간이 날 때마다 책을 읽어라.

12. 속독법을 지양하라.

13. 책 선정은 신중히 하고, 선정한 책은 느긋하게 정독하라.

'현대판 장보고' 동원그룹 김재철 회장

2008년 2월 조선대학교 2007년도 학위수여식에서 국가와 지역사회 발전에 크게 공헌했고, 문필가로서의 탁월한 능력을 바탕으로 학술문화 창달과 문학교육에 기여한 공적을 높이 기려 명예문학박사 학위를 수여받은 기업인이 있다. 동원그룹을 이끌고 있는 김재철 회장이다. '선장출신 그룹총수' '해양개척 선두주자' '해양대국 건설론자'라는 별명을 갖고 성공한 경영인으로 알려진 김 회장. 조선대가 그에게 명예문학박사 학위를 수여한 것은 그의 오늘이 있게 한 정신적 근원이요, 에너지인 문학에 대한 이해력과 능력, 문학적 업적, 그리고 문학을 통해 대학과 사회에 끼친 공로 등에 기인한다.

1935년 출생인 김 회장은 부산수산대학교(현 부경대학교)를 졸업하고 원양어선을 탄 학사 출신 선장 1호 해양인이며, 20개에 이르는 대형 우량기업체들을 이끌고 있는 이 시대 최고의 경영인이다. 그는 한국무역협회 회장과 여수세계박람회 유치위원장을 맡아 국가발전에 공헌한 사회 원로이다. 그는 2001년에 고려대학교와 한국외국어대학교에서 각각 명예경영학박사 학위를 받았으며 모교인 부경대학교 명예총장으로도 추대되었다.

김 회장의 문학에 대한 이해는 광범위한 독서와 글쓰기에서 시작되었다. 그는 젊은 시절부터 굴지의 CEO가 된 지금까지 변함없이 월 20여 권에 이르는 방대한 양의 독서를 실천하고 있으며,

각고의 글쓰기 노력 끝에 탁월한 문장가로서의 능력을 인정받고 있다. 국어교과서에도 실린 '남태평양에서'(초등학교 4학년 국어), '바다의 보고'(중학교 2학년 국어), '거센 파도를 헤치고'(고등학교 2학년 국어) 등은 그 스스로 바다생활에서 얻은 생동적 체험을 바탕으로 하여 기성작가들에게서 찾을 수 없는 상상력을 형상화시킴으로써 청소년들에게 꿈을 안겨준 명문으로 평가된다.

문학적 업적 중 대표적인 것은 2000년 출간된 그의 저서 『지도를 거꾸로 보면 한국인의 미래가 보인다』를 들 수 있다. 동원그룹 사무실이나 연수원 입구 홀에는 세계지도가 거꾸로 붙어있는데 이는 패러다임을 바꾸어 생각하는 그의 문학적 상상력의 산물이다. 일반 지도에서 대륙의 끝에 붙어있는 것으로 보이는 한반도를 거꾸로 보면 광대한 해양을 향해 나아가는 전초기지로서 천혜의 요새처럼 자리를 잡고 있다. 마치 촛대나 등대와 같이 바다를 향해 불을 밝히고 서있는 한국인의 미래를 문학적 예지로 구성하여 의식구조의 한계를 극복하게 만드는 김 회장의 안목이 경이롭다.

김 회장은 책을 유난히 많이 읽는 독서광이다. 책의 가치는 김 회장이 평생을 두고 찾아낸 깨달음이었다.

"의사결정을 할 때 필요한 게 세 가지죠. 과거에 대한 기억력과 현재에 대한 판단력, 그리고 미래에 대한 상상력이에요. 그 모든 걸 다 책에서 찾을 수 있어요."

김 회장은 원양어선 선장 시절, 선박에 필요한 용품을 구하기 위해 배가 시모노세키 등의 항에 기항하면 책방에 가서 헌책을 한

보따리씩 사와 배 안에서 끊임없이 읽었다. 젊은 시절 10여 년 동안 바다에서 생활하면서 간결하고 생동감 있는 글을 많이 썼고, 그렇게 쓴 일기와 글을 신문이나 잡지에 기고하기도 했다.

소설가 (고) 정비석 씨는 사상계(思想界)에 발표한 김 회장의 글을 보고 '이 정도 글 솜씨라면 작가로 데뷔해도 좋겠다'고 평했다. 김 회장 스스로도 기업인이 되지 않았더라면 문인이 됐을 것이라 했다. 그는 몽상가 또는 벤처기업인으로도 불린다. 박노해 시인은 김 회장을 제1호 벤처기업인이라 했다. 그는 바다를 무대로 무(無)에서 유(有)를 일구어냈고 우리 사회에 비전을 제시한 기업인이라 평했다.

그의 이런 책사랑은 자녀교육에서도 그대로 이어졌다. 재벌가의 교육방법에 보면 동원가의 '독서양육'이란 말이 나온다. 김 회장은 2남2여를 키우면서 독서를 강조했다.

"매주 한권씩 책을 읽고 독후감을 쓰도록 했어요. 서른 살까지 독후감 과제를 내줬죠."

그가 혹독하게 자녀들에게 독서를 강요한 이유는 자녀들이 생각을 깊게 하고 다양한 경험을 하기를 원해서였다.

"아무리 다양한 경험을 해본다 해도 한계가 있지 않습니까. 사람이 가르치는 것도 한계가 있고요. 하지만 책을 통해서는 무한한 지식과 간접경험을 쌓게 할 수 있어요."

그래서인지 자녀들이 자라면서 부모를 크게 실망시킨 적이 없다고 한다. 독서양육은 이제 손자 세대로까지 내려갔다. 중학생이 된 손자에게도 무슨 책을 읽고 있는지 관심을 가질 만큼 김 회장의 독서에 대한 열정은 끝이 없다.

"일기를 1년 쓴 사람은 앞으로 성공할 가능성이 있는 사람이다. 일기를 3년 쓴 사람은 이미 성공한 사람이다."

그가 나중에 증권업에 진출하게 된 것도 독서로 다져놓은 지식과 연구자세 그리고 기록하고 분석하는 태도 덕분이었다.

한편 김 회장의 독서양육은 동원가를 넘어 사회를 위한 불씨의 역할을 다하고 있다. 2007년부터 중앙일보와 함께 '책꾸러기' 캠페인을 펼치고 있는 것이 그것이다. 김 회장이 독서운동에 지대한 관심을 기울이는 이유는 자신의 젊은 시절 경험 때문이다. 50여 년 전 대학을 졸업한 뒤 곧바로 참치잡이 원양어선을 탔고, 세계를 돌아다니면서 그는 '우리나라는 왜 이렇게 가난한가?'란 의문에 빠져들었다고 한다. 국민소득은 60달러가 채 안 되었고, 수출품이래야 연안에서 잡은 오징어와 여성들 머리카락을 잘라 만든 가발이 전부였던 시절이었다.

"선진국 사람들은 우리나라 사람들만큼 손재주가 좋지 않아요. 물건 살 때 척척 암산하는 우리 선원들을 보고 놀라는 외국인도 많았고요. 이렇게 머리가 좋은데 왜 가난할까. 의문이 커져갔습니다."

김 회장은 그 이유를 교육에서 찾았다. '백성을 어리석게 하고 배고프게 해야 딴소리 안 한다'라는 식의 우민화정책에 따라 교육을 받을 기회를 원초적으로 제한했던 것이 가장 큰 원인이라고 분석을 했다. 그는 그때부터 우리 국민은 머리가 좋으니 제대로만 교육시키면 잘사는 나라를 만들 수 있으리라는 희망을 가졌다. 그 희망의 결정체가 장학사업이고, 독서 캠페인 '책꾸러기'운동인 것이다.

"사람 품성을 바로 세우려면 어려서부터 잘 길러야 해요. 학교 가기 전 아이들 교육을 어떻게 하면 좋을까 생각하다 시작한 게 독서사업이에요. 유아기 때 독서를 통해 부모와 정서를 교감하고 책의 재미를 알게 된 아이들이 생각하는 아이, 창의적인 아이로 자랄 수 있을 테니까요."

김 회장은 아이들에게 책을 읽히는 것이야말로 미래사회 인재 육성의 기초 작업이라는데 대한 소신은 한 치의 흔들림도 없어 보인다. 그는 책꾸러미 사업을 '민족성 개조를 위한 사업'으로까지 생각하고 있다.

그렇다면 김 회장은 어떻게 해서 독서광이 되었을까?

"제가 어렸을 때는 독서환경이랄 게 없었죠. 교과서 외에는 변변히 읽을 책도 없었으니까요. 원양어선을 타면서 배 위에서 본격적으로 책을 읽기 시작했습니다."

그때가 20대 초반이었다. 항구 뒷골목 헌책방에서 책을 무게로 달아 산 뒤 소설·철학책·역사책 등 장르를 가리지 않고 읽었다. 그것이 평생의 습관이 되었다. 책 욕심이 유별나다 보니 좋다 싶은 책은 회사 직원들에게도 권하고, 임직원 전체가 읽은 책을 토론하는 시간도 가졌다. 동원그룹 독서경영은 이처럼 자연스럽게 이어졌다. 사장들에게까지 독후감을 쓰게 할 정도다. 그는 요즘 가끔 독서운동의 강연자로서도 초빙을 받는데, 김 회장이 말하고자 하는 모든 주제에는 당연히 독서가 첫걸음이라는 것이 강조된다.

김 회장은 문학이나 글쓰기를 체계적으로 전공한 일이 없으나, 엄청난 양의 독서를 기초로 문장력을 길렀다. 그는 문사철 600을 강조한다. 문학책 300권, 역사책 200권, 철학책 100권은 읽으라는 것이다. 그는 특히 '전문지식 외에도 인문학을 해야만 다른 사람과 커뮤니케이션을 잘 할 수 있어 리더십 발휘에 유리하며 창의력 발휘가 쉽다'고 말한다.

고희를 넘긴 그의 열정이 부럽다. 망망대해에서 동원그룹을 일구어낸 그는 늘 '바다가 인생의 고향이요 큰 스승'이라는 말을 주저하지 않는다. 전남 강진 출생인 김 회장은 강진농고 졸업반 시절 담임선생님의 '바다개척론'에 감명 받아 인생의 항로를 바꾸었다.

김 회장은 서울대 농과대학 장학생을 마다하고 부산수산대(현 부경대)에 진학했다. 그는 1969년 동원산업을 창업하기까지 배를 탔다. 졸업 후, 우리나라 첫 원양어선 지남호에 실습항해사로 승선한 그는 실전을 익히기 위해 숱한 고생을 했고, 승선 1년 만에 2등 항해사, 2년 만에 1등 항해사 그리고 3년 만인 26세에 선장이 되었다. 대한민국 학사출신 1호 선장이 탄생한 것이다. 창업 당시 밑천이 1000만 원밖에 안 됐지만 김 회장은 원양어선 선장 때 쌓았던 신용만으로 일본에서 37만 달러 규모 원양어선을 현물차관 형식으로 받아 기업을 일으켰다.

김 회장의 열정은 '장보고' 알리기도 유명하다. 그는 항상 '우리 역사상 장보고만한 세계인은 없었다. 그는 걸출한 장군이자 세계를 무대로 활약한 한국의 종합상사 1호였다'고 강조한다. 김 회장은 99년 무역협회 회장에 취임하자마자 장보고기념사업회를 만들고 다양한 사업을 추진했다. 작가 최인호에게 '해신'을 쓰도록 설득했고 덕분에 방송 드라마 '해신'도 탄생했다.

김 회장은 또 평생학습에 대해 강조하면서 독서를 통한 평생학습을 중요성을 강조한다.

"우리나라 인력을 크게 상, 하층으로 나누어보면 하층은 비교적 우수하지만 상층이 허약하다. 상층은 외국에 비하면 너무 뒤쳐져 있고 명분에만 집착한다. 평생 학습하는 분위기가 만들어져야 한다."

그가 회사에서도 주로 간부급 교육에 집중하는 이유가 여기에 있다. 지남호의 실습항해사로 1년간 받은 보수 10만 원을 몽땅 고향에 기증하여 마을문고를 만든 데서 출발한 그의 사회봉사는 강진동원장학회, 동원육영재단 등 육영사업을 통해서 구체화되고 있다. 그의 말을 들어보자.

"배를 타고 해외에 가서 외국인들과 대화를 해보니 제가 얼마나 교양의 기초가 부족한가를 절감할 수 있었습니다. 그 이유는 우리가 성장기에 있을 때 책을 많이 읽지 못했기 때문이라고 생각합니다. 그래서 저는 고향의 젊은이들에게 책을 읽을 수 있는 기회를 주고 싶었습니다."

현재 동원그룹은 매출 2조 원에 이르는 재계 40위권의 중견그룹으로 성장했다. 기업인으로서 그는 1990년에 장남에게 주식을 증여하면서 납부한 62억3,800만 원은 그 당시까지의 증여세 중 사상 최다액수로서 두고두고 세인에 회자되고 있다.

김 회장은 많은 회사를 경영하기보다는 각 분야별로 세계 제일의 경쟁력을 갖는 회사, 그리고 제일 큰 회사보다는 제일 좋은 회사를 만들겠다는 것이 그의 경영철학이다. 정도경영과 무차입 경영을 하기 위해 그는 늘 힘쓰는 경영인이다.

한국의 대표적인 독서광 CEO들

▶ 김신배 SK C&C 부회장 : 다독으로 유명. 회식 때 저서 인용 즐겨, 피터드러커가 지은 『자기경영노트』 수시 언급.

▶ 김정태 전 국민은행장 : 자택, 국민은행 본점과 여의도점에 분산 보관해. 쉽고 정보 많은 책 선호.

▶ 서영태 현대오일뱅크 사장 : 독서경영을 혁신에 비유, '무녀리' 라는 독서모임 결성.

▶ 손길승 전 SK 회장 : 32권짜리 『도쿠가와 이에야스』 독파 화제. 승용차에도 늘 여러 권 가지고 다녀.

▶ 심영섭 우림건설 사장 : 좋은 책을 직접 골라 전 직원과 지인에게 돌릴 만큼 애정.

▶ 정만원 SK 텔레콤 사장 : 1년에 100권 읽는 독서광, 트렌드를 읽는 수단으로 활용.

▶ 정이만 63시티 사장 : 사장되려면 20년 동안 1000권 읽으라 강조. 서재에 1000권 이상 보유.

▶제진훈 전 제일모직 사장 : 새벽 4시에 일어나 2시간 독서. 한 달 독서량 15~20권.

'독서경영' 실천하는 동양기전 조병호 회장

독서경영이란 한마디로 책이란 매개체로 조직의 공유문화를 만들고 직원들에게는 전문적 창의력을 높이고 경영자에게는 바른 방향으로 나갈 수 있도록 하는 나침판과 같은 역할을 하는 경영전략이다. 독서경영은 회사 전체의 지적 자산이 높아지고 상호 네트워크가 활성화 되어 좋은 경영 성과를 낳게 되는 간단하면서도 효과가 탁월한 경영기법이라 할 수 있다.

독서경영의 출발은 피터 드러커가 말한 '지식경영'이란 단어에서 파생되어 대한민국에서 만들어진 용어다. 독서경영은 지식경영의 복잡한 절차와는 달리 실천적 측면에서 책이란 수단을 통해 가시적인 성과를 이루고자 하는 것이 요체다. 독서경영의 시작은 1980년대로 거슬러 올라가 현재는 대기업은 물론 중소기업, 관공서에까지 광범위하게 퍼져 있다. 하지만 많은 경영자들이 독서경영의 성과에 대해 여전히 의구심을 갖고 있는 것 또한 사실이다. 이런 의구심은 경영혁신활동을 열정적으로 추진을 하면서도 독서경영 도입에 대해서는 주저하는 이유가 되기도 한다. 그런 측면에서 동양기전의 사례는 독서경영을 도입하고자 하는 기업이나 단체에 모범이 될 만하다.

독서경영의 선구자로 평가받는 회사 동양기전! 이 회사 조병호 회장은 동양기전을 '독서경영'이라는 독특한 철학으로 이끌고 있다. 900여 명의 직원들에게 필독도서를 포함해 의무적으로 1년에 적어도 4권의 책을 읽도록 한다. 읽은 책에 대해서는 독후감을 써 내고 독서토론회도 갖는다. 아울러 사업장별로 '독서지도사'를 고용해 사원들이 개개인에게 실질적으로 도움이 되는 방향으로 책 읽기를 도와준다. 한걸음 더 나아가 '독서경영'이 단순히 직원들에게 '책을 많이 읽자'고 독려하는 차원에 머무는 것이 아니라 승진과도 연결된다. 독서논문과 독후감을 제출해 심사를 통과해야만 승진할 수 있는 시스템을 만들었다. 심지어 사원을 채용하는 데에도 독서는 예외 없는 심사조항으로 작용을 한다. 입사지원자는 면접 전에 미리 나눠준 책을 읽고 독후감을 제출해야 한다. 경영혁신활동으로서의 독서경영을 회사 전방위적으로 활용하고 있는 시스템인 것이다.

조 회장은 혁신을 말하기에 앞서 구성원들이 사유의 주체가 되고 그들의 가치관과 비전을 스스로 발견하는 '똑똑한 인재'가 되기를 강조한다. 이를 위해 그는 책을 통해 혁신패러다임을 창조하고 있다. 그는 '독서경영은 남는 장사'라는 말로 결론 내리고 투자대비 성과에 대만족한다. 기업들은 혁신기법이나 제도를 도입한 후 제대로 실천하지 않아 안하느니 못하는 혁신이 되는 경우가 종종 있지만, 독서경영은 하다가 중단을 하더라도 남는 것이 많은 유용한 혁신 기법이라고 조 회장은 강조한다.

주먹구구식 혁신경영보다는 독서를 통해 구성원을 성장시키고, 사원의 복지수준을 높이는 회사가 장기적으로 성장하고 혁신할 수 있다면 그것이 진정한 독서경영의 본질이다. 독서지도사를 선발한 것은 독서경영이 형식에 그치지 않고 실행의 엔진 역할을 하고자 함이다. 독서지도사의 역할은 도서관 관리, 추천도서 갱신, 독후감 평가, 졸업자 관리, 인사고과 반영까지 담당한다. 때로는 독서지도사가 책을 읽게 하고 피드백을 받고 있는데, 상당한 효과가 있다고 한다.

그렇다면 조 회장이 직접 독서경영을 실천한 배경은 무엇이었을까?

전북 부안 출신인 조 회장은 대학에서 기계공학을 전공하고 대우중공업의 전신인 한국기계에 입사해 9년 뒤 기술개발부장을 하다가 퇴사해 1978년 동양기전을 창업했다. 하지만 경영전선에 뛰어들면서 경영과 관련한 지식이 부족함을 깨달은 그는 훌륭한 경영자들의 자서전이나 그들이 집필한 책들을 닥치는 대로 읽기 시작했고, 이것이 습관화되어 책을 좋아하게 되었다. 조 회장이 독서경영을 도입하게 된 배경에는 잦은 해외출장에서 느낀 소회도 한몫을 했다

"업무상 외국출장이 잦아요. 그런데 선진국 국민들을 보면서 느낀 점이 있었어요. 어디를 가더라도 책을 들고 다닌다는 거죠. 특히 일본에서는 지하철을 타면 누구나 책을 읽더군요. 그때부터 사원의 지식과 교양수준을 높이는 것이 결국 회사가 성공하는 길이라고 믿게 됐습니다. 그게 바로 제가 독서를 권장하게 된 계기입니다."

그는 선진국과 후진국의 차이는 독서량에서 구별된다고 판단하고, 좋은 기업과 그렇지 않은 기업도 비슷한 요인에 따라 결정된다고 생각을 하고 있었다. 그러다가 우연히 '한우리독서운동본부'라는 독서운동단체를 만나게 되었고, 그들이 진행하는 독서클럽에 참가해 책에 대해 토론하고, 저자와 대화를 나누는 활동을 꾸준히 하게 되었다. 이후 이런 모임을 동양기전에도 도입해야겠다고 결심하고 1991년에 '사내독서대학'을 만들어 '4년 동안 100권 읽기' 캠페인을 추진했다. 이는 누구나 생각할 수 있지만 조 회장은 실천력이 돋보이는 결정을 했다.

동양기전에서 독서경영이 뿌리내리는 데는 이처럼 조 회장의 절대적인 신념이 있었다. 인문학이나 문학과는 거리가 있는 기계공학도였지만 훌륭한 경영자가 되기 위해서는 독서가 일상이 되어야 했다.

"책을 읽지 않고도 자신만의 철학과 가치관을 정립할 수 있다면 성인일 것입니다. 그러나 저 같은 일반인은 식사하듯 독서해야 합니다. 때가 되면 식사하고, 속이 비면 먹을 것을 먹어야 몸이 성하고 체력이 뒷받침됩니다. 머리와 가슴도 시시때때로 채워줘야 건강해지고 나름의 철학도 갖게 됩니다."

그는 일주일이면 적어도 3권의 책을 읽으며, 해외출장 때도 현지 서점은 방문 우선순위에 둘 정도가 되었다.

동양기전에서 독서가 독특한 사풍으로 자리잡게 된 것은 언제부터였을까? 1991년 사내에 '독서대학'을 설치하면서부터였다. 4

년 과정인 독서대학은 2주에 1권씩 4년간 100권의 책을 읽고 독후감을 제출하는 '빡빡한' 일정으로 진행됐다. 주요 교과과정은 필독도서, 문화예술활동, 해설 강의 등 주로 지적소양을 넓힐 수 있는 과정으로 개설되어 각종 독서 관련 토론회와 강연에 참여하는 것은 기본이었으며, 8학기 과정을 마치면 논문을 제출해야 졸업할 수 있도록 했다.

처음에는 우여곡절도 많았다. 4년 동안 100권 읽기 쉽지 않았기에 많은 구성원들이 시작했다가 중도 포기하기를 거듭하였고, 4년 지난 후에는 10명만이 졸업을 하고 179명이 수료하게 되었다. 처음 독서를 회사 운영에 도입했을 때만 해도 사원들 사이에서 '뭐 이런 걸…' 하는 반응이 있었다. 하지만 한번 책의 재미에 빠지게 되면 독서를 싫어하는 사람은 아무도 없다는 것이 조 회장의 생각이었다. 독서대학이 성공적으로 마무리되자 조 회장은 아예 '독서경영'을 기업이념으로 내걸었다. 전 사원이 독서하는 분위기를 만들기 위해서다.

독서대학을 졸업을 한 10명은 이후 동양기전의 임원이 되거나 중추적 역할을 하도록 함으로써 독서경영이 일시적인 붐이 아니었음을 천명하기도 하였다. 사실 중소기업들은 대기업에 비하여 직원들의 능력을 제고시킬 수 있는 프로그램이 한정되어 있고 재원이나 시스템이 부족한 것이 사실이다. 동양기전에서는 이런 핸디캡을 극복할 수 있는 방법 중의 하나로 독서경영을 선택하고 제대로 실천하고 있는 것이다.

그렇다면 동양기전에서 독서경영을 통해 얻은 성과는 무엇이었을까? 조 회장의 말을 들어보자.

"기업 성장의 버팀목이 될 '똑똑한 인재' 육성이 동양기전성장의 핵심가치입니다. 여기서 똑똑한 인재란 가치관, 목표가 제대로 정립된 사람을 말해요. 구성원들이 스스로의 가치관을 정립하게 되면, 결국 회사도 잘된다는 섭리입니다. 사실 저는 독서문화를 강조하면서도 독서를 통해 경영의 성과를 이끌어내야겠다는 생각은 해본 적이 없습니다. 다만 독서를 통해 구성원들의 의식이 깨이고, 그야말로 똑똑한 인재가 되면 그것으로도 기업의 훌륭한 자산이 된다는 생각을 갖고 있습니다. 1991년부터 독서를 구성원들에게 강조한 후 기업의 꾸준한 성장은 체감하고 있습니다."

동양기전은 기계를 만드는 회사로 우리나라 최초로 산업 차량용 실린더를 개발했는가 하면 현재 국내 유압실린더 시장의 절반 이상을 점유하고 있고, 자동차의 본고장이라 할 수 있는 북미와 유럽지역에까지 자동차부품을 수출하고 있는 전문 자동차부품기업이다. 동양기전은 대외적으로 누구에게나 신뢰와 믿음을 주는 깨끗한 기업으로 인정받아 2005년 미국경제전문지 포브스아시아 11월호에 '최우수 중소기업 200'에 당당히 이름을 올렸다. 내적으로는 1995년 매출 1100억 원에서 2005년 2760억 원으로 2008년에는 4190억 원의 매출을 올리는 회사로 성장했다.

동양기전에서는 책 덕분에 직, 간접으로 좋은 일도 많이 생겼다. 조 회장은 수년 전 일본 업체 '데이진세이키'와 기술제휴를 하다가 벽에 부닥친 적이 있었다.

"계약 상대역으로 나온 데이진세이키의 사업본부장과 일본어로 먼저 간행된 '축소지향의 일본인'(이어령)을 놓고 3시간 정도 독서토론을 했습니다. 첫 미팅에서 부정적인 대답을 주었던 그가 독서토론 후 계약에 적극 나서 일이 일사천리로 진행됐습니다."

조 회장 개인적으로는 가장이 책을 좋아하자 가족들도 책을 같이 좋아하게 되었고 아파트 자치위원회에서 활동하는 부인은 주말마다 신문의 서평란을 참고해 책을 사고, 아들 또한 중국 출장 중인 아버지에게 전화해 현지에서 책 관련 프로그램을 보게 했다. 이 같은 성과는 동양기전에서 독서경영이 지속적으로 추진될 수 있는 원동력이 되었다.

최고책임자로서 책을 섭렵한 직원들이 독서의 효과를 드러내 보일 때처럼 기쁜 때도 없을 것이다. 한번은 임금협상 자리에서 회사가 권한 책 『당신들의 천국』(이청준)을 읽은 노조 간부가 경영진을 설득하면서 이 책의 구절을 인용했을 때 임원진들이 참 좋아했다고 한다.

이처럼 큰 성과를 발휘한 독서는 사원들은 물론이요, 사원 가족들에게까지 범위를 확대하여 해마다 사원과 사원가족, 친인척이면 누구나 참여할 수 있는 '동양기전문학제'를 열어 우수한 작품에 대한 시상하고 있다. 그 외에도 매년 실시되는 문학제 외에 사원 및 사원 가족들의 독서문화 의식을 공유하고 함께 어울릴 수 있는 공간 마련을 위해 1997년 독서경영 초청강연, 1999년 사우

자녀 초청 공장견학, 2001년 도서바자회, 2002년 사우자녀 독서 감상 표현대회 등 이색적인 사업부 자체행사도 시행하였다.

조 회장의 '바깥 활동'도 독서와 연관되어 있다. 그는 '한우리 독서지도봉사단'의 단장도 맡고 있다. 1996년 창단한 한우리독서 지도봉사단은 소외계층 어린이와 청소년들에게 책을 나눠주고 독후감, 토론 등의 독후활동을 진행하는 민간봉사단체다. 이 단체는 활동범위를 재소자와 중국 옌볜으로까지 넓히기도 했다. 이 결과 각종 단체에서 주는 책과 관련된 웬만한 상은 모두 휩쓸었다. '93 책의 해 대통령상'을 비롯해 1996년 한국문인협회가 준 '가장 문학적인 상'도 받았다. 1997년에는 '독서문화상' 대통령 표창을 받았다.

조 회장은 '1기업1문화운동'을 펼치는 독서운동단체 한우리독서문화운동본부와 공동으로 독서를 평생교육의 관점에서 진행하고 있다. 술 마시고 노래방으로 이어지는 지금의 회식문화보다는 독서로 시간을 보내자는 생각을 사원들과 공유하고 싶다는 조병호 회장! 독서경영을 도입하고자 하는 회사들이 관심을 가져야 할 대목이다.

동양기전 독서경영 텍스트에는 어떤 책들이 올라 있을까?

『중국문화의 이해』『신화의 힘』『광기의 역사』『참회록』『장자』 『그림 읽어주는 여자』『난장이가 쏘아 올린 작은 공』 등이 있다. 물론 스티븐 코비나 피터 드러커, 게리 해멀, 빌 게이츠, 토머스 프리더만 등이 지은 경제·경영 관련 도서들도 있지만 대다수가 문학·인문·예술 관련 서적들이다.

조 회장은 '철학과 문학이 들어가야 독서라고 할 수 있다'면서 '경제 서적을 보고 혁신을 논하는 것은 독서가 아니다'고 말한다. 그는 소설가 이문열, 이청준, 황석영의 작품은 거의 섭렵했을 만큼 인문학 서적광이다. 즉각적인 결과물을 바라는 풍토가 지배적인 상황에서 조 회장의 철학은 가슴에 와 닿는다. 언젠가 조 회장은 CEO과정에서 독서에 관한 강연을 할 기회가 있었는데 그의 말이 시사 하는 바가 크다.

"독서경영을 하려면 두 가지 어려움이 있는데, 첫째는 돈이 들어갑니다. 그런데 조금 넣고 더 많이 아웃풋을 할 수 있다는 점에서 기업 목적과 크게 다르지 않습니다. 어려운 것은 두 번째입니다. 당신들이 책을 좀 읽어야 합니다. 당시 좌중이 웃음바다가 됐지만 실천을 한 곳은 많지 않더군요. 물론 독서경영 자체가 회사를 직접적으로 발전시킨다고 믿지는 않아요. 하지만 독서야말로 가정과 사회, 그리고 직장까지 사람들의 삶 전반을 걸쳐서 이루어져야 하는 일이라 생각합니다."

동양기전의 책에는 다음과 같은 스탬프가 찍혀 있다. '동양기전은 책 읽는 사람을 좋아합니다'. 이제 독서경영은 동양기전의 기업문화로 완전히 자리를 잡았다. 사원들은 독서습관을 형성하여 독서문화가 자리 잡혔고 경영이념과 비전을 구체화하게 되었으며 임금협상의 자리에서도 책의 문구를 인용하여 서로의 의견을 제시할 만큼 노사 양측 간의 화합의 분위기를 조성하는데 한 몫을 하기도 했다. 회사는 사원 간 부서간의 공동체의식을 형성하여 부서 공통의 목표를 추구할 경우 서로 간의 의사소통을 원활히 할 수 있으며 갈등이 생겨도 대화를 통해 쉽게 해결할 수 있다. 나아가 사원 및 가족의 자기계발을 위한 평생교육 기회의 제공은 가족회사로서의 유대감을 높여 주었으며, 이에 더하여 공부하는 부모상을 보여줌으로써 자녀들에게 독서하는 습관을 자연스럽게 길러줄 수 있는 이중의 효과를 볼 수 있다.

동양기전은 사원뿐만 아니라 사원 가족들이 글 솜씨를 뽐내는 '동양기전문학제'를 10년 이상 진행해오고 있으며, 작년에는 독서캠프를 여는 등 책읽기를 회사 구성원 전체가 참여하는 문화행사로 발전시키고 있다. 최근에는 한국회사에서의 성공경험을 바탕으로 중국 현지 공장에도 독서경영을 시행하고 있다. 한국의 경영혁신 성공사례가 해외로 수출되고 있는 셈이다.

철학자 데카르트는 '좋은 책을 읽는 것은 지난 몇 세기에 걸쳐 가장 훌륭한 사람과 대화를 나누는 것과 같다'며 독서 예찬론을 폈다.

지하철을 탔는데 책을 안 들고 있으면 잡지라도 산다거나, 선물은 반드시 책으로 하고, 특별한 일이 아니면 저녁 약속을 집에서 독서로 대신하는 등 스스로 '중독단계'라고 이야기하는 조병호 회장! 그에게서 우리는 '독서광'으로 성공한 CEO들의 공통점을 발견하게 된다. 책을 통해 보통 사람들이 생각해내지 못하는 기발한 아이디어를 찾아내는 독창성을 키웠고, 그것을 실현 가능하도록 구체화하는 방법을 익혔으며, 긍정적이고 적극적인 사고로 인맥을 만들고, '기필코 성공하겠다'는 목표를 잃지 않고 끊임없이 자신에게 동기를 부여하는 점 등이 그러하다.

독서경영은 확실히 남다른 기업문화를 만드는 씨앗이다. 서점이 담뱃가게처럼 흔했으면 좋겠다고 말하는 조병호 회장! 그에게 책은 인생의 나침반이자 거친 경영환경을 극복해가는 안내자와 같다.

'문화경영의 실천자' 우림건설 심영섭 회장

1983년 전북 익산에서 조그맣게 시작한 회사가 2009년 매출 6000억과 도급순위 34위의 건설회사로 성장했다. 필유(fill U)로 유명한 우림건설의 이야기다. 우림건설의 거침없는 성장에는 임직원들의 혼연일체 정신이 큰 힘이 되었지만 합심의 원동력 뒤에는 심영섭 회장의 문화경영과 독서경영이 자리잡고 있다. 우림건설이 '주거문화대상'이나 '대한민국 대표 아파트대상', '메세나 우수기업' 등 굵직한 상을 휩쓴 것은 결코 우연이 아니다.

한때 유명 인사를 보려면 우림건설로 가라는 말이 있었다. 우림건설은 그만큼 사내 초청강좌가 많았다. 제프리 존스 전 주한 미상의 회장, 김정태 전 국민은행장, 연극인 윤석화 씨, 산악인 엄홍길 씨, 여행가 한비야 씨, 가객 장사익 씨, 시인 안도현 씨 등 다양한 분야의 수많은 유명인사가 다녀갔다.

우림건설 초청강좌는 '문화월례조회'로 그동안 200회에 이르렀다. 이와 같은 강좌를 유치한 배경에는 심 회장의 지식형 건설사를 만들고자 하는 의지가 담겨있다. 심 회장이 문화경영에 주력하는 이유는 '문화적 향유를 통해 인간은 감성적으로 풍부해지고 창의성을 키울 수 있으며, 이는 곧 사회를 풍성하게 만들고 직원들의 가치를 키우게 된다'라는 철학 때문이다.

일반인 입장에서 이해할 때 건설업은 업종 특성상 기업문화가 딱딱하고 거칠 것이라 생각하기 쉽다. 우림건설은 딱딱함보다는 부드럽고 감성이 넘치는 조직문화를 가지고 있다. 그 중심에는 최고경영자인 심영섭 회장의 노력과 가치관이 자리잡고 있다.

심 회장은 '독서경영' 전도사로 유명하다. 그는 매월 7,000여 권의 책을 임직원 및 그 가족, 협력업체, 사회단체 등에 전달하고 있다. 독서를 통해 기업문화와 가치관을 공유하자는 취지다. 심 회장은 직접 추천도서를 선정하거나 사내독서위원회에서 책을 고르도록 한다. 특히 눈길을 끄는 것은 그가 직접 자필로 추천사를 적어 모든 책머리에 인쇄해 보낸다는 점이다. 추천사는 독후감이나 서평이라기보다 책을 받아보는 모든 이에게 건네는 편지에 가깝다. 추천사에는 책과 관련된 개인적 경험이나 일화, 비전 등이 담담하게 적혀 있다. 심 회장은 매달 책을 보내면서 쓰는 독후감이 조직원 간의 중요한 커뮤니케이션 수단이라고 말한다.

"직접 추천사를 적어 내려가다 보면 더 진지해지는 자신을 발견하게 된다. 한 번 더 생각해 쓰게 되고, 쓰면서 읽어보고는 다시 쓰게 된다. 매월 보내는 책과 추천사는 나와 직원들, 친지들, 가족들 사이를 잇는 다리인 셈이다."

심 회장은 독후감이나 메모하는 습관은 사실상 남도 위하고 자신도 위하는 방법이라는 신념을 가지고 있다. 그는 이 같은 독서문화를 회사 차원으로만 머물게 하지 않고 독서문화확산을 위해 견본주택에 도서관까지 짓기도 했다. 천안 용곡동 우림필유 견본주택 내 도서관에는 아동도서 3000여 권을 비롯해 베스트셀러, 교양, 경제 등 5000여 권의 책이 비치됐다. 공사현장도 예외가 아니다. 현장인부들을 위해 이동도서관을 운영할 정도로 독서경영에 빠져있다. 연인원 5000명에 달하는 현장직원들도 책을 읽고 독후감까지 보낸다.

심 회장은 노가다문화가 팽배한 건설현장에 과감한 변화를 시도하기로 마음먹고 2005년 11월부터 각 공사현장에 '우림나눔도서관'을 설치, 지속적으로 독서문화를 전파 중이다. 물론 초기엔 실효성에 부정적인 시각도 있었지만 현장에서 일하는 우림 임직원 및 가족, 협력업체 직원 및 가족들의 큰 호응은 물론 현장 주변 시민들까지 찾아올 정도로 인기가 높다. 현재는 20여개 현장에서 현장노동자들의 문화적 쉼터이자 독서공간으로 운영되며 매월 실시되는 문화조회 시간마다 우수도서관을 소개하고 시상하는 행사도 개최 중이다. 이 같은 현장과의 커뮤니케이션은 우림건설의 급속한 성장에 큰 동력이 되었다.

심 회장은 매월 1일, 전 직원이 모인 월례조회에서 한손에 책을 펼쳐 보이며 그달의 책을 소개한다. 해외에 나가 보고 느낀 점이나 유명기업의 CEO를 만났던 일, 또는 회사에서 일어난 일을 책 내용과 잘 버무려서 직원이 책을 읽고 싶도록 소개하는 것이다.

매달 책 10여 권을 읽는 독서광 심 회장! 그가 추천하는 책은 대부분 자신이 읽은 책 중 나름의 기준을 가지고 엄선한다. 똑같은 이야기는 질리기 마련이므로 추천한 책들과 주제도 달라야 하고 장르도 중복되지 않게 20세부터 60세까지 다양한 연령의 직원들을 고려해 선정한다.

그렇다면 어떤 계기로 우림건설이 감성적인 조직문화를 가지게
되었고, 조직문화를 만들게 된 시작은 어디부터였을까?

심 회장의 경영이념은 '나눔과 섬김'이다. 나눔은 기업의 사회
적 책임을, 섬김은 고객 중심 가치를 반영한다. 심 회장의 '나눔과
섬김' 경영철학은 특유의 '문화경영'을 통해 구체화되었다. 1996
년부터 이어온 책 나눔 캠페인과 문화월례조회 외에도 각종 문화
예술단체와의 교류 및 협력 등 다양한 메세나(Mecenat, 문화예술·스
포츠 등에 대한 원조 및 사회적·인도적 입장에서 공익사업 등에 지원하는 기
업들의 지원활동을 총칭하는 용어) 활동을 벌이고 있다.

한국이 낳은 세계적 문화상품으로 이름난 '난타'의 전용극장 이
름은 '우림청담씨어터'다. 우림건설이 수년째 공연장을 후원하고
있어 붙여진 명칭이다. 우림건설은 또한 쇼뮤지컬 전용관 우림펑
키하우스와 남도민요보존회, 가양금병창보존회 등 전통예술단체
에 대해서도 후원하고 있다. 우림건설은 이런 노력을 인정받아
2005년 한국메세나협의회의 '메세나대상' 창의상을 수상했다. 그
덕분에 우림건설 임직원은 건설업계 1위의 메세나기업이라는 자
부심을 갖고 있다.

심 회장은 각종 문화사업을 많이 하기로도 유명하다. 녹색연합,
유니세프, 아름다운재단, 장애우권익문제연구소, 환경정의시민연
대, 중앙대복지관 등 시민사회단체의 경비지원에서부터 장학사

업, 연극 영화지원 등 일일이 모두 열거할 수 없을 정도다. 이미 돈 벌기 위한 마케팅 차원을 넘어섰다.

심 회장은 '올바르게 벌어서 바른 곳에 쓰는 것이 기업이 해야 할 일.'이라며 "수익을 사회에 환원해 건강한 사회를 만드는 게 기업의 기본 이념이기도 하다"고 말했다. 문화경영과 함께 독서경영을 실시하게 된 배경에 대해 심 회장의 이야기를 들어보자.

"직원이 1200명 정도 되는데 대부분은 입사 면접 때가 아니면 사장 얼굴을 보기가 힘들죠. 사업장이 각 지역에 퍼져 있다 보니 서로 간의 소통에 한계를 느꼈습니다. 리더의 생각이 전달되어야 함께 회사의 비전을 만들어 나갈 텐데 말이죠. 거칠고 동적인 일을 하는 사람들에게 세상을 부드럽게 보는 시각을 갖게 하고 세상을 밝고, 깊게 볼 수 있는 안목을 키울 수 있는 것이 책이라고 생각했습니다."

심 회장은 솔선수범의 의미로 추천시를 곁들인 독서편지를 쓰기 시작했다. 회장인 자신이 먼저 책을 읽고, 시를 추천하여 함께 느끼고 나누고자 하는 의지를 보여준 셈이다. 심 회장에게도 한 달에 한 번의 책 선물은 스스로를 긴장시키는 수단이자 임직원과의 약속이고 아름다운 습관이다.

독서문화에 익숙해진 임직원들이 주는 글은 단순한 독후감의 의미보다는 평소 경영진에 대하고 싶은 말, 업무를 하면 느끼는 일상적 경험 등이 진솔하게 묻어있다. 이러한 노력이 가상했는지 임직원들의 가족이나 책을 지인들, 외국에서 공부하는 여동생, 그리고 심지어 딸들까지도 독후감을 보내오곤 하는데 이는 우림의 기업문화를 만들어 가는데 모두가 참여하는 쌍방향 커뮤니케이션이 된다.

우림건설이 이처럼 독서경영에 열을 올리고 있는 이유는 소통의 어려움을 깨기 위해서다. 리더의 비전과 생각을 알고 일사불란하게 움직여야만 치열한 적자생존의 시장에서 살아남을 수 있다는 판단이다. 심 회장에게 독서경영은 기업문화와 리더의 생각을 공유할 수 중요한 수단으로 인식되고 있는 것이다.

책을 선물하고 읽어보는 독후감은 다른 CEO들이 누리지 못하는 큰 즐거움이다. 독서를 통한 간접경험과 글을 통한 쌍방향의 의사소통은 사람의 창의성을 키우고, 가정과 조직의 창의성으로 이어질 뿐만 아니라 우리 사회를 좀 더 풍부해지게 만들 것이리라. 이런 측면에서 우림에서의 독서경영은 창의적 문화를 확산시키며 사람과 사람이 소통하는 인간미가 넘치는 회사를 만들어가는 과정의 중요한 매개로서 앞으로도 꾸준히 계속될 것이다.

심 회장과 책과의 인연은 학창시절로 거슬러 올라간다. 그는 중·고교시절 문예부장을 할 정도로 책읽기를 좋아했다. 이 습관은 사업을 시작했던 초창기(1983년)에도 그대로 이어졌다. 새로운 지식들을 분야별로 스크랩하고, 메모하는 습관은 독서습관과 함께 지금의 모습을 있게 한 밑거름이었음이 분명하다. 흙먼지 풀풀 날리는 공사현장에서 밤낮으로 땀 흘리는 임직원들을 보면서 좋은 지식을 함께 나누고 싶은 마음이 들었고, 여기서 착안해 사내 독서문화가 싹트게 된 것이다.

심 회장이 독서하는 문화사회 만들기를 제안하는 이유는 뭘까. 그는 '근래 우리는 너무도 빠르고 직선적이고 감각적인 속도 중심의 환경에서 살아왔다'라며 '이 속에서 느끼는 상실감을 극복하려면 문화적 삶이 필요하고 문화적 삶의 핵심이 독서'라고 강조한다. 심 회장은 '깊게 사고하고 현재의 삶을 되돌아볼 수 있는 독서는 정보화사회에 역설적으로 더욱 필요해지고 있다'면서 '독서를 통해 상상력이 풍부해지고 사회적으로 서로가 서로를 이해하며 행복해질 수 있는 사람중심의 사회가 될 수 있다'고 강조한다.

그의 말처럼 우림건설에 있어 한권의 책은 우림과 관련된 사회와 소통하고 연결시켜주는 매개체이다. 무엇보다 독서경영을 시행하는 가장 큰 미덕은 경험과 감정의 나눔을 통해 경영자와 임직원, 우림과 협력업체, 더 나아가 우림을 둘러싼 사회는 기업문화와 가치관을 함께 공유하는 것이다.

우림가족은 이처럼 책에서 얻은 정보와 지식, 리듬과 감성, 여유와 만족, 아름다움을 가지고 고객이 살 공간을 창조해왔다. 그런 측면에서 우림건설에서는 거칠고 동적인 일을 하는 사람들에게 세상을 부드럽게 보는 시각을 갖게 하고, 세상을 밝고, 깊게 볼 수 있는 안목을 키우고 회사를 도약하게 한 큰 힘이 독서였던 것이다.

우림건설은 시의 문화적 치유효과와 입주자들의 감성을 만족시키는 감성 마케팅의 일환으로 2005년 1월부터 전국 현장에 지역 출신 작가들을 사전조사하고 주민들의 의견을 최대한 반영해 아파트 단지마다 우림시비를 설치하고 있다. 예를 들자면 충북 청주에 도종환 시인의 담쟁이를, 경남 진해에는 김달진 시인의 시비를 만드는 식이다. 이 역시 입주한 고객들로부터 커다란 호응을 얻고 있다.

우림은 이에 앞서 2003년부터 일상적으로 시를 접하고 읽기 위하여 'Poem Woolim' 이란 이름으로 전국 현장 모든 곳과 본사 사옥 전 층에 매월 시화를 게시하고, 홈페이지, 사내 그룹웨어, 연말 시화집 출간을 통해서 임직원들의 문화적 감성을 지원하고 있다.

심 회장은 건설업계에서 개척자 정신을 강조한다. '똑같은 아파트를 많이 만드는 것' 보다 '똑같은 일도 다르게 하는 것'을 더 높게 평가한다. 심 회장은 단기이익과 상충되지만 과감한 결정이 필요하다며 아파트형 공장으로 첫 사업이던 '구로e비즈센터'(2003년 입주)를 당시에는 파격적인 호텔 수준으로 설계하기도 했다. 구로e비즈센터는 아파트형 공장으로는 특화된 설계로 산업자원부의 견학코스가 됐다. 구로e비즈센터를 호텔 수준으로 설계한 '파격'도 독서의 힘에서 나왔다는 것이 사내의 평가다.

'독서광'으로 유명한 심 회장에게 별명이 하나 더 있다. 일명 '등산마니아'로 불린다. 93년부터 매일 새벽 4시 55분에 일어나 서울 서초동 우면산에 오른다. 산행습관도 독특하다. 산과 대지가 품고 있는 자연의 몸짓과 소리를 만끽한다고나 할까. 산 중턱에 있는 대성사 새벽 예불시간에 스님의 독경소리에 맞춘 조용한 합장예불을 비롯해 산 정상 소망탑 주위를 11번씩 돌며 건강한 하루를 기원한다. 그는 특히 지금까지 집이나 사무실을 구할 때 가까운 곳에 산이 있는지 여부를 우선 조건으로 삼을 정도로 등산의 가치를 강조해왔다.

"등산은 취미가 아닌 삶의 일부분이죠. 건강을 지키는 것은 물론이고 경영인으로서 초심을 다지는 효과까지 있습니다."

산행습관은 그에게 '오류를 교정하는 거울'이다. "자신을 비출 거울이 있는 사람과 그렇지 않은 사람은 살아가면서 바뀌어가는 모습이 전혀 다르다." 바로 심회장이 좋아하는 문구다.

우림건설의 도전은 지금도 계속되고 있다. 현재의 우림이 있기까지 위기의 상황도 많았다. 그에게도 위기가 있었다. 심 회장은 건설업에 종사했던 아버지의 일을 도우면서 80년대 초 건설업에 뛰어들었다. 여러 난관이 있었지만 가장 힘들었던 건 IMF 외환위기 시절이었다.

"당시 건설업을 그만 둘 생각을 할 정도로 힘들었죠. 하지만 오히려 위기가 기회가 됐어요. 오피스텔 브랜드 '카이저팰리스'와 아파트 브랜드 '루미아트'를 필두로 주택건설사업에 집중하면서 공격경영에 나섰죠."

그때부터 그동안 추진했던 문화경영까지 시너지효과를 내면서 공격경영은 곧바로 실적으로 이어졌다. 도급순위가 2001년 153위에서 2009년에 34위로 크게 뛰어올랐고 매출액도 매년 1000억 원 이상씩 급증했다.

최근에는 23년간 사용했던 '루미아트' 브랜드를 버리고 '필유 (fill U)'라는 새 아파트 브랜드를 선보인 것도 자신감의 표현이다. 우림에게 또 위기가 닥치고 있다. 우림건설은 금융위기 이후 카자흐스탄의 대규모 개발사업과 아파트 분양 부진으로 인해 화의절차를 밟고 있다. 이런 위기를 돌파하기 위해 심 회장은 세계진출을 강화하고 있다. 더 넓고 가능성이 많은 세계시장으로 진출하는 것만이 기업 생존의 유일한 방책이란 모토로 중국·카자흐스탄·알제리·세네갈·베트남 등 우림이 이미 진출해 있는 세계시장 공략을 위한 전략을 재수립하고 진출의지를 구체화하고 있다.

심 회장은 2010년 신년사에서 '우리는 창업 이후 지난 27년 동안 많은 어려움 속에서도 결코 좌절하거나 포기하지 않고 회사를 성장·발전시켜온 성장잠재능력을 가지고 있다'며 '모든 임직원들이 심기일전해 개인의 역량을 발휘한다면 어떠한 어려움과 난관도 극복할 수 있으며 오히려 지금이 성장과 도약의 계기를 이룰 수 있는 좋은 기회라고 확신한다'고 전체 임직원들이 다시 한 번 힘을 내도록 독려했다. 지금의 위기는 그동안 문화경영을 실천한 우림의 저력을 재확인할 수 있는 기회가 될 것이다.

'건설경기가 어렵지만 직원들이 잘 단합해 문화경영을 지속한다면 앞으로 우림건설의 미래는 문제없습니다'라고 말하는 심회장의 확신에 찬 눈빛에서 우림건설의 밝은 미래를 볼 수 있다.

자기계발 분야의 '신세대 리더' 안상헌 작가

　최근 특정주제로 쏠리지 않는 독자 겸 저자인 그를 찾는 독자들
이 부쩍 많아졌다. 『CHANGE 나는 왜 변화하지 못하는가』『어느
독서광의 생산적인 책읽기 50』『생산적인 삶을 위한 자기발전 노
트 50』『책을 읽어야 하는 10가지 이유』『홍크』 등 10여 권의 저서
를 낸 직장인 저자 안상헌을 두고 하는 말이다.

　직장인이면서 자기계발분야의 전문가로서 길을 가고 있는 그에
게 사람들은 놀란다. 일반기업체가 아니라 공공기관에 근무하고
있다는 사실에 더욱 놀란다. 대학을 졸업한 후 지금까지 국민연금
공단에서 근무하고 있는 그가 어떻게 최근 5년간 열 권 이상의 책
을 발간할 수 있었을까? 안상헌의 힘은 대학 때부터 '독서광'으로
불렸던 이력에서 출발한다.

　서구는 자기계발분야에 유명한 작가와 강사가 많은데 비해 우
리나라의 자기계발분야는 걸음마 단계에 있다. 평생직장이 붕괴
되고 자기계발에 대한 수요는 증대되면서 출판사들은 앞 다투어
자기계발에 대한 책을 쏟아낸다. 그러나 속내를 들여다보면 대부
분이 외국 작가들의 번역서들이고, 일본작가들의 '기술'로 대변되
는 방법에 다루는 책들이 주를 이루고 있다는 점이 아쉽다.

　이처럼 역사가 일천하다보니 한국인 작가가 적은 책은 이론적
인 것들이 많고, 이론과 실무를 제대로 겸비한 책이 적은 것 또한
사실이다. 이런 척박한 환경 즉 '독서광은 많지만 독서에 관해서

책을 쓸 수 있고, 다른 사람에게 그 가치를 표현할 수 있는 사람은 별로 없다'는 점에서 안상헌이 걸어가는 길은 지식기반 사회를 사는 우리에게 많은 시사점을 던진다.

안상헌은 자기계발분야에서 독자들의 가려움을 제대로 찾아내 틈새시장을 연 개척자라 할 수 있다. 그 때문인지 자기계발 동기가 강한 직장인들이나 일반인들에게 안상헌은 확실하게 각인되었고, 마니아층이 확보되어 그가 출판하는 책들은 고정 독자들에 의해 사랑을 받는다.

안상헌은 몰아치는 식의 자기계발보다는 정체성에 기반을 둔 삶의 의미를 주로 다룬다. 또한 일상에서 일어나는 다양한 주제를 가지고 사람들의 잠자는 영혼을 일깨운다. 직장인의 입장에서 촌철살인을 제공하는 그의 글은 그가 직장인으로 현장에서 살아있는 사례를 체험하기 때문에 가능한 것이다. 창작방향에 대한 그의 말을 빌려보자.

"2005년에 맨 처음 만들었던 책인 『모든 것을 고객중심으로 바꿔라』부터 지금까지 제가 하는 집필은 일관되게 직장인의 자기계발과 세계를 보는 관점의 확대에 맞추어졌습니다. 쉽게 말하면 젖어들지 말고 꿈과 목표를 가꾸자는 겁니다."

안상헌의 책을 읽어본 독자들이라면 몇 가지 궁금증을 가진다. 첫째 글의 맛깔스러움과 깊이에 대해 공감을 하고, 다음으로 그가 어떤 사람인가 궁금해진다. 글의 깊이에 빠져들다 보면 다양한 경험과 연륜이 있을 것이라는 추측을 하게 한다. 나 역시 그랬다. 그의 책『CHANGE 나는 왜 변화하지 못 하는가』를 맨 처음 읽고 작가에 대해 참 궁금했다. 그래서 그가 펴낸 책을 모두 사보고 궁금해서 전화를 걸었던 기억이 난다. 그래서인지 지천명인 50세를 족히 넘었을 초·중등학교의 교장 선생님들이 그에게 인생의 연륜이 묻어나는 강연을 부탁하는 것도 무리는 아니다.

그의 책을 한번이라도 읽어본 사람들, 특히『CHANGE』를 읽어본 장년층들 중 그를 만나고 싶어 하는 사람이 많은 것은 그의 글의 깊이 때문일 것이다. 이 도서는 공공단체의 필독도서로 선정되는 등 베스트셀러가 되었다.

안상헌은 1971년생으로 이제 갓 마흔이 된 평범(?)한 직장인이다. 겉으로 본 그의 모습은 그렇다. 그러나 책속에 파묻혀 보낸 학창시절 덕택에 그의 내공은 헤아리기가 어렵다. 변화를 갈망하지만 변화에 적극 나서지 못하는 이들의 게으름은 저자 앞에서 맥없이 무장해제 된다. 두렵거나, 귀찮아서 혹은 익숙해서 변화하지 못하는 이들은 그의 화려한 변화 처방에 환호한다.

HRD 컨설턴트로 활동하며 다진 역량과 독서로 일군 내공은 그의 글 한 줄 한 줄에서 독자에게 강렬한 자극으로 날개를 편다. 특히 독서와 관련한 명사가 된 이래 그는 한 달에 서너 차례 강연을 다닌다. 독서 관련 모임이나 단체는 그에게 강연을 요청하는 주된 손님이다.

그는 2004년 6월 첫 책을 내놓은 이래 5년 동안 11권의 책을 내놓았다. 그 사실 앞에서 그의 직업이 작가가 아니기 때문에 더욱 놀랍다. 글쓰기 전문작가와 글쟁이들도 1년에 2권의 책을 내놓지 못하는 현실을 감안하면 평범한 직장인인 그의 탁월한 능력은 독자들에게 더 큰 감동을 준다.

그는 출퇴근을 위해 하루 4시간을 투자하지만 그 시간이 즐겁다고 한다. 출퇴근시간을 생산적으로 활용하고 있기 때문이다. 차속에서 독서에 몰입하는 게 직장인인 그의 경쟁력이다. 흔들리는 것 때문에 책을 읽기가 곤란할 만도 한데 그는 그 시간이 하루에서 가장 소중한 시간이라고 여긴다. 차창 밖으로 펼쳐지는 그림을 보고 불현듯 떠오르는 사색의 결과물을 기자들이 갖고 다니는 조그만 취재수첩에 적는다. 이렇게 서너 달 정도 하다보면 책 한권 쓸 내용이 된다.

그가 택하는 삶의 에너지 충전방식은 끊임없는 사색과 독서를 통한 내적인 소통이다. 주로 『장자』와 『채근담』 등 동양고전을 비롯한 인문학과 삶의 가치를 높이는 방법을 제시하는 경제서가 중심이다. 인문학을 좋아하는 그는 특히 성공회대 신영복 교수를 좋아한다. 『감옥으로부터의 사색』, 『사람아 아 사람아』, 『강의』 등 신 교수의 책은 모두 다 읽었다. 특히 고전을 주기적으로 읽으면서 삶의 본질을 꿰뚫기 위해 노력한다. 그런 점에서 그의 내공은 오래도록 습관이 된 고전을 바탕으로 한 다양한 분야의 책읽기에 있음을 알게 된다.

그렇다면 독서에 관한 그의 생각은 어떠할까? 그는 책을 읽는다는 건 '무언가를 알아가는 행위이고 생각하고 고민하는 치열한 행동이다'라며 책을 읽는다는 건 그래서 '기존의 당연시되던 것에 대해서 의문을 품게 만들고 불만을 제기할 수도 있는 상태로 나아가게' 한다고 말한다.

『어느 독서광의 생산적 책읽기 50』에서도 그랬듯이, 안상헌은 '책은 사람을 미치게 한다'고 말한다. 또한 책은 삶을 끊임없이 자극하며 그것이 결국 사람을 성장하고 성숙하게 만든다고 말한다.

"책을 읽는다는 것은 이렇게 우리를 깨어있도록 만듭니다. 그래서 한번 중독되면 헤어 나오기 어려운지도 모릅니다. 이런 강한 중독성과 혁명성으로 인해 책을 읽는 사람들이 역사에서 큰 이름을 남기게 되었을 것입니다."

책은 간접경험을 넘어 직접경험을 하는 수단이 되기도 하며 그 자체가 하나의 삶으로 바뀌기도 한다. 말하자면, 책을 읽음으로써 우리는 지금껏 살아온 삶을 더욱 치밀하게 다지기도 하고 또는 새로운 삶으로 기존 삶을 새롭게 만들기도 한다. 중요한 사실은 어느 쪽으로든 우리는 책을 읽으면 읽을수록 '변한다'는 사실이다.

그는 몰입을 무척 강조한다. 책은 무언가에 몰입하게 하는 강한 힘을 지니고 있는데, 이를 통해 사람은 성취감을 느끼고 집중력을 향상시킬 수 있으며 새로운 삶에 다시 도전하는 힘을 얻게 된다는 게 지은이가 강조하는 독서의 힘 중 한가지이다.

안상헌은 책이 지닌 힘을 '자극'이라는 차원에서 설명하기도 한다. 잠자는 영혼을 깨우듯, 삶이라는 궤도에서 자의반 타의반 밀려난 사람들에게 원래 있던 길로 다시 돌아가도록 동기부여를 하는 그런 '자극' 말이다.

그는 독서의 목적은 '자신의 성장과 자유로운 삶의 지혜를 얻는 것이지만 자칫 그것에만 매몰될 경우 바로 진정한 목적인 자유를 잃어버릴 수도 있다'고 독서의 균형에 대한 충고도 잊지 않는다.

안상헌의 성공에 대해 깊이 있게 아는 사람은 드물다. 그는 작은 거인이다. 첫 만남에서부터 자신을 드러내며 사람들을 대한다. 그래서 한두 번의 만남으로 안상헌의 깊이를 이해하기는 힘들다. 만나면 만날수록 그의 내공은 깊고 깊다는 것을 확인하게 된다.

현재의 안상헌이 있기까지 가장 큰 힘은 독서다. 그는 어린시절부터 책을 좋아하는 막내둥이로 태어났다. 가정형편이 어려워 포장마차를 하는 어머니 곁에서 무료하여 상상을 즐기는 아이로 자랐다. 영리하고 우수한 학생이었던 그는 남들처럼 부모의 도움을 받아 학교를 다닐 형편이 아니었기에 장학금을 받기 위해 지방 국립대 법학과로 진학을 했다. 대학진학 후 동기들이 고시공부나 공무원 공부를 할 때 그는 책을 늘 읽었다고 한다. 시를 끼적이기도 하고 니체나 쇼펜하우어 등의 철학에 빠져 진창 시간을 보냈다고 한다.

그가 책을 얼마나 좋아했는지 심지어 강의시간에도 법전 아래 놓아두고 책을 읽었다고 한다. 그는 대학을 졸업한 후 국민연금관리공단에 취직을 했다. 결혼을 할 때 아내가 될 사람에게 '5년 후엔 연봉 1억이 넘는 사람이 되겠습니다'라고 프로포즈를 했다고 한다.

그는 그때부터 자신의 부가가치를 높이기 위해 작가가 될 결심을 했다. 직장인 변화관리의 바이블이 된 그의 두 번째 책 『CHANGE』를 위해 그는 2년 동안 심려를 기울였다고 한다. 고치고 또 고치고 지금까지 쌓아 온 독서의 내공을 모두 쏟았다. 헤밍웨이가 노인과 바다를 적기 위해 무려 이백 번을 고친 것과 비견된다. 그 후 그는 매년 몇 권의 책을 출간하고 있다. 그는 또한 『생산적 책읽기 50』과 『책을 읽어야 하는 10가지 이유』를 통해 독서의 새로운 지평을 열었다는 평가를 받기도 한다.

지금도 그는 매일 책을 손에 끼고 살아간다. 오늘도 그는 이 시대의 깨어있는 지성들에게 더 많은 자극을 나누기 위해 노력하고 있다. 안상헌을 통해 우리는 자신이 선택하는 길과 강점혁명을 배우게 된다. 만약 그가 고시공부에 인생을 걸었다면 어떤 결과를 가져왔을까? 그는 사법고시에 합격한 법대 출신과 비교했을 때도 전혀 뒤처지지 않는 전도양양한 길을 걷고 있다. 자신만의 강점으로 블루오션을 개척한 것이다.

책을 읽어야 하는 10가지 이유

1. 깨어 있는 삶을 살게 한다.

2. 인생의 비밀을 찾는 즐거움을 준다.

3. 꿈을 심어주는 역할을 찾게 해준다.

4. 몰입의 힘을 길러 준다.

5. 지식과 창조의 지혜를 얻게 해준다.

6. 삶의 속도를 조절하게 해준다.

7. 긍정의 힘을 갖게 해준다.

8. 삶의 의미를 찾도록 도와준다.

9. 사랑하는 법을 알려준다.

10. 나는 누구인가라는 정체성을 생각하게 한다.

인문학+경영학 접목, 변화경영사상가 구본형 소장

'자기경영'이란 말이 생소하던 시절, 인문학과 경영학을 접목시켜 신선한 경영비전을 제시하며 그토록 자신이 원하는 인생을 개척한 인물이 있다. 우리시대 대표적 변화경영사상가이자 현재 '구본형변화경영연구소'를 이끌며 강연과 칼럼, 활발한 저술활동을 하고 있는 구본형 소장이다.

구 소장은 1980년부터 2000년까지 한국IBM에서 근무하면서 경영혁신의 기획과 실무를 총괄해왔으며, 특히 1991년부터 1996년까지는 IBM 본사의 말콤 볼드리지(Malcolm Baldrige) 국제 심사관으로, 아시아태평양 조직들의 경영혁신과 성과를 컨설팅했다. 사학과 경영학을 공부한 구 소장은 인간이 가장 중요한 기업의 자산이 된 지식사회에서 인문학과 경영학의 다양한 만남을 모색하고 있다. 저서로는 『익숙한 것과의 결별』 등 18권의 저서가 있다. 특히 『익숙한 것과의 결별』은 전문가가 뽑은 '90년대의 책 100선'에 선정되는 등 그의 저서는 늘 깨어있는 지성들에게 영혼의 울림을 주는 것으로 유명하다.

출간강연회가 있어 모임에 나갔다. 그곳에서 구 소장을 처음 보게 되었다. 그 모임의 사람들은 구본형을 사랑하는 사람들이었다. 밤새 이야기꽃을 피우다 새벽녘에 잠이 든 필자는 숙취로 인해 7시쯤 잠에서 깨어났다. 마실 물을 찾다가 방문이 반쯤 열려 있는 방을 쳐다보게 되었다. 그 시간에 책을 읽고 있는 구 소장을 발견하고 여러 가지 감상에 젖었다. 피곤함은 마찬가지일 텐데 책 읽는 것이 의무가 아닌 밥 먹는 것이 된 사람! 그것이 곧 구 소장의 힘임을 새삼 깨닫게 되었다.

그렇다면 지금의 구본형 소장을 만들어 온 힘은 무엇일까?

첫째, 학습의 즐거움에 빠져든 것이다.

구 소장의 하루는 독서와 글쓰기로 시작되고 마무리된다. 그는 오랜 시간을 그렇게 책과 함께 했다. 그의 말을 들어보자.

"하루에 2시간씩, 1년에 700시간이 저의 인생을 바꿔놓았습니다. 40대에 들어서자 3~5년 후 내 모습을 질문했고, 위기를 느껴 당장 해야 할 일을 결정, 차근차근 준비했던 것이지요. 하루를 못 바꾸면 내일의 꿈을 이루기 어렵습니다."

그는 매일 2시간씩 오랜 시간을 자신의 경쟁력을 높이기 위해 책과 함께 했다. 그에게 학습이란 어떤 의미일까?

"배움은 결국 삶의 실천에 의해 가장 잘 얻어진다. 내게 배움이란 삶을 변화시키기 위한 것이다. 학습이란 새로운 삶의 형태를 만들어내기 위한 것이다. 하루를 바꾸지 못하면 혁명도 없다. 자신만의 하루를 만들어내지 못하면 자신의 세계를 가질 수 없다. '새로운 장르의 일상적 삶을 창조하는 것', 이것이 내가 스스로에게 약속한 실천적 개혁이고 혁명이었다. 학습의 문화 속으로 자신을 데리고 들어가는 것은 좋은 전문가의 필수적인 수련과정이다. 학습은 종종 차가운 얼굴을 하고 있다. 그러나 학습의 또 하나의 얼굴은 뜨겁다. 학습은 뜨거운 무엇이고, 사람의 감정을 다루는 것이며, 인문학적인 감수성을 건드려야 하는 것이다. 목욕탕의 온탕이나 열탕과 같다. 나는 경영학과 인문학을 하나의 공간에 배치시킴으로써 훌륭한 휴식과 에너지를 제공하는 목욕탕을 만들고 싶다. 냉정하고 가혹한 경영 속으로 뜨거운 김이 솟구치는 인문학적 유산을 배치시킴으로써 돈으로 피폐한 영혼과 벌거벗은 몸을 돌아볼 수 있는 정신적 공간을 제공하는 것이 나의 학문적 관심사다. 그리고 '삶을 바꾸는 실천으로서의 자아경영 철학', 이것이 바로 내 학습의 중요한 테마 가운데 한줄기를 이룬다. 또 하나의 줄기는 '변화의 기술'이다. 이 두 개의 축을 나에게 적용해봄으로써 변화경영을 하나의 예술로 만들어보려 한다."

그 결과 그는 조인스닷컴 인물정보란에 한국인 최초로 변화경영전문가라는 1인 기업으로 등재가 되었다.

둘째, 자신에 대한 연구와 강점을 찾았다.

사람들은 오랜 시간 자신에 대한 연구보다는 다른 사람과 사회에 적합한 사람이 되기 위해 노력한다. 그러다 원하는 직장에 들어가면 그 속에서 자신보다는 직장이 요구하는 사람이 되기 위해 또 시간을 보내다가 종국에 가서 자신의 진정한 모습을 잃고 길을 헤맨다. "1990년대의 10년을 보내는 동안 나는 IBM이 격동의 세월을 보내는 것을 목격했다. 나는 그 전환의 몸부림을 가장 잘 볼 수 있는 위치에 있었다. 경영혁신의 현장에서 차갑고 냉정한 눈으로 생사를 건 변환의 투쟁을 주시하고 있었다. 거대한 배는 방향을 틀어 좌초와 침몰의 위기를 모면했다. 1990년대가 끝날 무렵 떠날 때가 되었다는 것을 나는 감지했다."

그는 그때부터 자기다움이 뭔가에 대해 심각한 고민에 빠졌다. 자신의 존재와 콘텐츠, 가능성을 알릴 수 있는 방법을 연구하는 것이 고민의 핵심이었다. 고민의 결과 그는 오랫동안 꿈꿔왔던 책을 쓰기 시작했다.

1998년 첫 책 『익숙한 것과의 결별』은 그렇게 세상으로 나왔다. 그 책은 구본형을 '변화경영전문가'로 만들었다. 첫 책이 나오고 1년 뒤엔 『낯선 곳에서의 아침』이 출간되었고, 두 권의 책은 경제 경영 분야의 베스트셀러가 되었다. 그는 세 번째 책의 출간에 맞추어 2000년 3월, IBM에서의 20년 경력을 접고 세상 밖으로 나왔으며, 지금까지 18권의 책을 출간하였고, 매년 1~2권의 책을 출간하고 있다.

셋째, 삶에 대한 열정이 있었다.

구 소장을 보면 외유내강이란 단어가 딱 적합한 인물이라는 생각이 든다. 많은 말을 하지 않지만 내뱉는 한마디는 잠자는 영혼을 깨워주는 열정이 된다. 그를 따르는 무리들이 많은 것도 이 때문이다. 그를 따르는 사람들의 대부분은 열정으로 무장된 사람들이다.

"어느 날, 나는 글을 쓰고 싶었다. 소설이나 시는 아니었다. 나

같이 그럭저럭 살고 있는 사람을 차가운 물속에 처박아 넣거나 가슴에 불을 싸지르는 작가가 되고 싶었다. 그것은 내가 그동안 해왔던 경영혁신과 변화경영의 개념과 잘 들어맞았다. 중요한 것은 회사원이 아니라 작가로 나를 바꾸는 것이었다. 명령을 하지도 지시를 받지도 않고 오직 내 마음의 흐름에 따라 자유롭게 일하고 싶었다. 첫 책은 사실 내 가슴속에 불을 놓는 작업이었다. 그 책은 나를 위한 책이었다. 내가 최초의 독자였다. 그 후 나는 적어도 일년에 한권씩 책을 냈다. 변화경영 전문가로 세상에 나를 세웠고 수없이 많은 강연을 했다. 언제가 가장 행복했느냐는 질문에 나는 언제나 '지금'이라고 말한다. 진심이다. 왜냐하면 글을 쓰고 강연을 하고 연구원들과 공부를 할 때 나는 가장 나다웠다."

구 소장이 책을 읽고 글을 쓰는 일에 열정을 바친 것은 그것이 자신에게 가장 소질이 있고 열정을 바칠 수 있는 분야였기 때문에 지속성을 유지할 수 있었던 것이다.

넷째, 세상에 대한 사명의식이 있었다.

구본형 변화경영연구소의 홈피에 가면 다음과 같은 글이 손님을 반긴다.

"어서 오세요. 이곳은 인생을 다시 시작하고 싶은 사람들의 공간입니다. 우리의 꽃도 한 번은 활짝 필 것을 믿는 사람들의 모임입니다. 이곳은 누구나 들어와 만져질 듯한 위대한 꿈을 꾸는 곳입니다. 그리고 그 꿈에 감응하고 박수쳐주는 벗들을 만날 수 있는 곳입니다. Great Dream, Inspiring Friends! 이것이 이 홈페이지의 기상이며 비전입니다. 당신이 앞서 걸으세요. 우리가 뒤를 따르겠습니다."

이 글속에는 구 소장이 살아가는 비전이 담겨있다. 그의 말을 빌려보자.

"내가 세상에 남기고 가는 것은 세월이 지나면 희미해질 내 삶의 발자국이고, 내가 가지고 가는 것은 꿈과 추억이다. 누구에게나 맞는 객관적인 삶의 의미란 없다. 나에게 주어진 구체적인 삶, 이 유일무이한 구체성이 바로 내 삶이고, 따라서 그 의미 역시 나에게만 주어진 특별한 것이다. 길은 없다. 하루가 길이다. 하루가 늘 새로운 역정이다. 오늘 새롭게 주어진 하루가 또 하나의 멋진 세상이 되지 못한다면 어디에 행복이 있을 수 있겠는가? 변화란 불행한 자의 행복찾기 아니겠는가."

그가 하는 일은 인간이 가장 중요한 기업의 자산이 된 지식사회에서 '어제보다 아름다워지려는 사람을 돕는 일'이다. 어제에 갇히지 않고 오늘다운 생각과 행동을 시도하고 모색할 수 있도록 조직과 개인을 돕는 일이 그의 직업이다. 10년 동안 100명의 변화경영연구원들을 양성하고, 500명의 꿈벗 커뮤니티를 구성하여 더불어 '시처럼 산다'(Life as a Poem)는 꿈을 가지고 산다.

이렇게 사회적 영향력을 발휘하며 살아가는 구 소장은 정작 자신은 특별한 사람이 아니라고 늘 말한다.

"나는 평범하고 내향적이고 잘하는 것이 별로 없는 사람이다.

세상에 영광스럽게 빛나 보이는 문들은 나에게 다 닫혀 있다고 여겨지기도 했다. 변화경영에 대한 글을 쓰고 강연을 하는 작가로서의 내 인생은 나에게 열려 있는 유일한 길이었다. 그래서 어쩌면 그 길로 가는 것이 쉬웠는지도 모르겠다. 문이 열려 있는 곳, 가지고 있는 것을 가장 잘 쓸 수 있는 곳을 발견하면 그 일에 엎어져야 한다. 명예나 돈 때문만은 아니다. 그것이 천직이기 때문이다. 어느 날 어떤 일에 공명하여 떨림을 얻게 되면 그 문 그 길로 들어서라. 의심하면 안 된다. 모두 버리고 그 길로 가야 한다. 그것이 바로 자기혁명이다."

그가 말하는 변화경영은 무엇일까? 사람·기업·국가는 원래 가진 특성을 충분히 발휘할 수 있는 상태로 돌아가 그 특성을 잘 발휘해야 성공한다는 주장이다. 예컨대 한국은 그동안 선진국을 추격하는 모델로 성장했지만 이제는 한국식 문화로 돌아가는 경영혁신이 필요하다고 한다. 그의 작업은 변화경영을 통해 한국과 모든 개인이 자신의 강점을 찾아 행복한 삶을 살기를 꿈꾸는 것이다.

구본형 소장은 자주 공병호 소장과의 비교를 통해 일반인들에게 설명되어지는 경우가 많다.

공병호 소장이 브랜드를 높이기 위해 다작을 하며 자기 경영을 극대화하는데 집중한다면 구본형 소장은 존재의 의미에 더 관심을 둔다. 구 소장은 자신의 브랜드를 활용해서 더 많은 수익을 얻을 수도 있지만, 강의를 제한하며 자신의 꿈을 펼쳐나간다. 이익보다는 자유를 더 소중하게 생각하는 것이 차이라면 차이라고 할 수 있다. 그가 말하는 존재의 의미를 강화하기 위한 터전이 10년 동안 연구원 100명을 양성하는 프로그램인 것이다. 2009년에 5기 연구원 11명이 선발되었고 그들은 구 소장의 혹독한 수련을 통해 이 사회에 더 기여할 수 있는 인물로 탄생될 것이다. 이미 배출된 연구원 중에는 사회적으로 기여하는 인물도 많다. 베스트 저자로 많이 알려진 사람으로는 『굿바이 게으름』의 저자 문요한 원장이 그 중 한명이다.

지식기반 사회에서 정보와 지식을 어떻게 활용하는 가를 표본적으로 보여주고 있는 대표적인 인물이 구본형 소장이란 점은 이론의 여지가 없을 것이다. 우리는 그를 통해 지식기반사회에서 독서를 통한 평생학습과 자기발견이 얼마나 큰 성과를 낼 수 있는가를 배울 수 있다.

독일의 물리학자 오스트발트의 연구에 의하면 위인이나 성공한 사람들의 공통점을 조사했는데 첫째는 긍정적 마인드이고, 둘째는 독서였다고 한다. 그런가 하면 일본의 독서운동가 시미즈 가쓰요시는 독서의 효용에 대해 다음과 같이 말하고 있다.

"목숨 명(命)자는 사람(人)은 한번(一)은 두드려(叩) 맞는다는 뜻으로 이루어졌지요. 그 같은 어려움을 헤쳐 나가는 데 도움이 되는 삶의 지혜를 독서에서 얻을 수 있습니다."

구본형 소장이 말하는 독서의 장점 3가지

첫째는 거의 무료로 세계 최고의 인물들을 만날 수 있다는 점이다.
현존 인물들 뿐,아니라 인류 역사 전체를 통 털어 가장 맘에 드는 사람을 찍어
사귈 수 있다는 점이다. 어려운 사람 고를 것 없다. 그저 나하고 배짱이 제일 잘
맞는 사람 하나를 골라 그 삶에 대한 책을 읽던지 그 사람이 쓴 책을 보면 된다.
예를 들어 사마천이라는 사람이 쓴 '사기열전' 이라는 책이 있는데, 동양 최고
의 역사책 중의 하나다. 이 책 속에는 그 당시 중국대륙최고의 인물들에 대한 이
야기가 그 엑기스만 추려 싱싱하게 정리되어있다. 그 전개방식이 딱딱하지 않
고, 그 사람의 삶 중 가장 특징적 순간들이 포착되어 우리에게 특별한 감흥과 감
동을 주는 휴먼드라마를 보는 듯하기 때문에 고전이지만 읽는데 아무런 어려운
부담이 없다. 나는 늘 책상 위에 이 책을 놓아둔다. 그리고 삶이 지루해지면 아
무 곳에서나 펴서 읽는다.

독서의 두 번째 장점은 배울 게 있다는 점이다.
인생은 살면서 배우는 것이다. 사연이 쌓이면서 사람의 도리를 배우고, 삶의 지
혜를 배우고, 그 의미를 터득해감으로써 조금 더 나은 사람이 되는 것이 나이 들
어감의 미덕이다. 세월이 지나면서 성격이 괴팍해지고, 욕심 사나워지고, 다른
사람에게 해가 되는 이기주의자가 된다면 인생을 잘 살았다 할 수 없다. 책은 이
세상을 살아가면서 어떤 일들이 벌어지고, 그 안타까움이 내 일 같고 그 성취가
나를 들뜨게 하는 이야기들로 가득 채워져 있다. 삶의 감동을 대신 체험하게 하
고, 다른 사람들의 마음을 헤아리게 한다. 물론 내가 하는 일과 연관된 전문서를
읽게 되면 내가 그 일을 더 많이 알게 되고 몰랐던 것을 터득하게 되어 나도 전
문가가 되게 도와준다.

독서의 세 번째 매력은 날 즐겁게 해준다는 것이다.

조선시대 완당 김정희라는 분이 있었다. 조선은 물론이고 당시 청나라에서도 그에 필적할 만한 사람이 없을 만한 동양 최고 즉 세계 최고의 서예가였다. 그는 청의 문물에 밝았고 교류하는 인사들도 많았다. 아는 것이 많고 재주가 뛰어난 천재들이 그렇듯이 성격은 좀 거만하여 잘 모르고 우기는 사람들에 대해서 가차없이 비판을 퍼부었기 때문에 그를 좋아하는 사람들은 무척 존경하고 따랐지만 그를 싫어하는 사람들은 무척 꺼려했던 인물이다. 정치적으로 불운하여 오랜 유배생활을 하였지만, 그 길고도 어려운 생활을 통해 서예의 달인이 되어 그 묘함을 터득한 분이기도 하다. 그분이 쓴 현판 중에 '일독 이호색 삼음주'(一讀二好色 三飮酒)'라는 것이 있는데, 직역을 하면 세상사는 맛의 첫째는 책 읽는 맛이고 둘째는 여자와 노는 맛이고 셋째는 술 마시는 즐거움이다, 정도 될 것이다. 아무튼 꼭 막힌 선비만은 아니었던 완당 선생도 호색과 음주도 좋지만 그래도 책 읽는 맛이 최고라고 할 정도니 독서의 즐거움이 또한 큰 것이다.

세계적 보안전문가로 우뚝 선 안철수 석좌교수

한국의 빌 게이츠, 컴퓨터 의사, 걸어 다니는 도덕교과서, 투명경영의 신화, 늘 새로운 것을 꿈꾸는 사람 등 여러 가지 별명을 갖고 사는 인물이 있다. 의대를 다니던 시절 그는 V3라는 바이러스 백신을 만들어 무료로 국민들에게 나눠주었으며, 장래가 밝고 안정적인 의대교수로 재직하다 그만 두고 1995년 직원 3명으로 벤처기업을 창업했다. 이 회사를 세계적인 보안기업으로 만든 그는 2005년 회사가 10주년이 되던 때 회사를 전문경영인에게 맡기고 미국 와튼스쿨로 유학을 떠났다. 당시 국산 소프트웨어 사상 최대인 매출이 300억 원을 돌파하고 순이익만 100억 원을 처음으로 돌파한 좋은 회사를 다른 전문경영인에게 맡기고 홀연히 떠난 것이다. 그가 대한민국에서 가장 존경받는 인물 중 한명인 안철수 박사(현재 KAIST 석좌교수)다.

요즘 들어 도전을 두려워하고 창업마인드가 부족한 젊은이들을 우려하는 사람들이 많다. 오늘날 대학의 도서관은 고시나 공무원 공부에 열중하는 학생들로 가득하다. 안정을 추구하는 젊은이들이 시대의 주류를 이룬다면 자본주의의 성장 동력은 어떻게 될지 염려스럽다. 특히 끈기나 노력보다는 한방에 의한 물질적 욕망이 강한 젊은이들에게 안철수 박사의 삶은 훌륭한 본보기가 되기에 충분하다.

은행장을 지낸 할아버지와 의사 아버지를 둔 유복한 가정에서 자란 그는 노블레스 오블리주(noblesse oblige:사회 고위층 인사에게 요구되는 높은 수준의 도덕적 의무)를 제대로 실천하는 이 시대의 깨어있는 지성이다.

의사, 기업가, 교육자로 변신을 거듭하는 그의 변신은 현재도 진화 중이다. 사람들은 궁금해 한다. 그에게 어려운 일을 하도록 만드는 힘은 대체 무엇일까? 오늘의 안철수를 만든 것은 그의 순수한 열정이라는 분석이 지배적이다. 그렇다면 그 순수한 열정은 어디에서 출발한 것일까? 그의 저서나 인터뷰 등을 통해 알아본 결과 그의 열정은 끊임없는 독서와 글쓰기를 통해 그가 어제와 다른 오늘을 만들어 가는 사람임을 알게 된다.

그가 책과 함께 성장하는 사람이란 걸 알려주는 대표적인 사례가 있다. 안 교수의 바둑실력은 아마 1~2단 정도 수준이다. 의대 재학시절 바둑에 관심을 둔 그는 기원을 찾기 전에 서점에 가서 바둑에 관한 책을 50권정도 사서 읽은 뒤 기원에 갔다고 한다. 미지의 세계에 관심을 가질 때 그는 항상 책을 통해 그 세계를 간접 경험 하기를 좋아한다. 늘 기본을 지키고 본질을 이해하는 것에 많은 시간을 보낸다. 그 대부분은 독서를 통해 배우는 것은 물론이다.

컴퓨터를 처음 배울 때도 마찬가지였다. 일반인들은 컴퓨터를 배울 때 컴퓨터부터 먼저 사서 만지다가 불편해질 때 학원을 가거나 책을 사서 배운다. 안 교수는 다르다. 그는 책부터 사서 그 원리를 외운 다음 컴퓨터를 샀다. 그의 말을 들어보자.

"책을 통해 세상에 접근하는 방법은 처음에는 느리지만 결국은 다른 사람보다 앞설 수 있다."

그가 바둑 아마추어 1단의 실력이 되기까지 걸린 시간은 책을 본 시간을 포함해 1년 정도다. 이는 기초이론이 바탕이 되었기 때문이다. 그는 심지어 운전면허시험을 볼 때도 교재를 다 외우고 보았기 때문에 만점으로 합격했다고 한다.

의대생으로 바이러스백신 전문가가 된 것, 바둑의 고수가 된 것, 9권의 책을 낸 작가가 된 것 등은 그가 책을 통해 한 분야의 전문가로 거듭나는 과정을 우리에게 보여주고 있다. 어쩌면 경영의 구루 피터 드러커 교수가 생전에 3~5년을 주기로 새로운 분야를 도전해 공부하는 방식으로 그의 지적세계를 넓혀간 것을 실천적으로 보여주는 인물이 안 교수라 할 수 있을 것이다.

그는 독서에 관해서는 누구보다도 할 말이 많다. 얼마나 독서의 중요성을 강조했으면 기업의 사장으로 있을 때 직원들이 책을 충분히 인지하고 활용토록 하기 위해 필독서로 선정하고 승진 면접 때 핵심가치와 비전을 업무에 적용했는가에 대한 평가를 하기도 했다.

그는 서울대 의과를 졸업한 후 의대 교수를 지냈으며 그것으로 일반인들이 꿈꾸는 사회적 성공을 하며 편하게 살 수 있었다. 그가 잠을 줄여가면서까지 바이러스백신을 개발하고 험난한 벤처기업가를 자초한 이유는 무엇일까? 바이러스 백신을 개발했으면 상업적으로 이용해서 돈을 벌어야 하는데 왜 그러지 않았을까? 그는 왜 벤처열풍을 타고 주식을 상장시켜 엄청난 돈을 벌 수 있었음에도 돈 이상의 가치를 추구하며 사욕을 멀리한 것일까?

안철수연구소의 매출은 약 600억 원이다. 이는 제조업체의 매출액 6000억 원에 맘먹는 규모로 환산할 수 있다. 지난 1995년 불과 직원 3명으로 설립된 안철수연구소가 정도경영만으로 이처럼 성장해온 것은 누구도 앞날을 장담할 수 없는 절박한 상황에서 안 교수가 회사를 살려 성장시키려는 각고의 노력 끝에 이루어낸 신념의 결과물이었다.

한번은 이런 일도 있었다. 그가 1997년 직원들에게 안철수연구소를 맡겨둔 채 미국에서 유학하며 실리콘밸리에 머물던 중 현재의 경쟁회사인 맥아피사로부터 당시 최소 1천만 달러(1백20억 원)에 인수하고 싶다는 제안을 받았으나 거절했다. 상업적 이익만 추구하는 외국 기업에 안철수연구소가 넘어가면 직원들은 쫓겨나고 우리나라 고객들은 비싼 값에 백신을 구입해야 하기 때문에 회사를 팔지 않았다는 것이다. 벤처 대박을 꿈꾸며 성공을 위해서라면 주가조작도 마다하지 않는 젊은 창업자들에게 안 교수의 행동은 사표가 되기에 충분하다.

안 교수는 2008년 5월 한국에 귀국해 KAIST에서 이공계 대학생들의 발전과 기업가 정신을 불어넣기 위해 석좌교수로 학생들을 가르치고 있다. 일반인의 시각에서 보면 참 미련하고 답답한 인생이라고 할 수도 있을 것이다. 그러나 그가 살아가는 철학을 조금이라도 이해하는 사람은 그런 평가를 한 것을 부끄러워할 것이다. 그의 말을 들어보자.

"인생을 수동적으로 사는 것에 반대합니다. 동시대인과 서로 돕고 좋은 관계를 맺고 살고 싶어요. 죽을 때 후회하는 것이 가장 두려워요. 그 마지막 순간에 실패다 싶으면 더는 기회가 없기 때문에 그저 최선을 다하는 것뿐이에요. 그래서 그 순간의 '의미와 재미 그리고 잘 할 수 있는 것'을 하고 싶어요."

그는 초등학교 6학년 때 도서관에 있는 책을 모두 읽었다고 한다. 그런 독서력이 삶의 균형을 맞추게 했음을 우리는 이해하게 된다.

그가 원칙을 지키며, 언행일치하면서 10년이 지나도 변함없이 한 목소리를 내는 것은 독서를 통해 일찍 자신의 자아를 만들었기 때문이다. 그런 만큼 책에 대한 안 교수의 신념은 확고하다. 인류가 쌓아 놓은 세상의 모든 지혜는 책 속에 있다고 믿으며, 사람이 세상에 남기는 유일한 흔적이 글이라고 믿고 있다. 그는 '책 속에는 그 책을 쓰기까지 저자가 고민한 세월과 시행착오의 노력이 담겨 있다'며 '우리는 우리가 읽은 것으로 만들어진다'는 독일 문호 마르틴 발저의 말을 빌린다.

안 교수는 인간이 어떤 것을 이루고 무엇인가가 되는 데 가장 유익한 길잡이로 책을 택하자고 제안한다.

"미지의 세계로 들어갈 때 항상 책을 통해서 먼저 그 세계를 간접 경험했습니다. 책이 인생의 가장 좋은 스승이라고 생각하기에 나는 사람들에게도 책을 많이 읽으라고 권합니다."

안 교수는 곧잘 '책을 읽는 사람은 책을 이해하는 것이 아니라 자신을 이해하는 것'이라고 말한다.

안 교수는 독서가 현재의 자기를 만들었고, 앞으로 자기를 만들어 가는 안내자라고 늘 말한다. 바쁜 일상에서도 틈틈이 글을 쓰는 것은 자신과 업계, 그리고 모두를 위한 것이다. 안 교수는 두 가지 원칙을 갖고 글을 쓴다.

"먼저 이해타산으로 글을 써서는 안 된다고 생각합니다. 글은 '역사의식'을 갖고 써야 한다고 믿고 있습니다. 또 다른 원칙은 내 의견이 틀릴 수 있다는 생각을 하면서 글을 쓰는 겁니다. 내 생각이 맞아 이를 알리기 위해 글을 쓰는 것이 아니라 내 나름의 생각이 사회의 다양성에 기여하고 중요한 사안을 다시 논의의 장으로 끌어낼 수 있다고 보기에 글을 씁니다. 다른 사람의 시선은 별로 개의치 않습니다. 살면서 가장 두려운 것이 '어제의 안철수'보다 '오늘의 안철수'가 더 못한 것입니다."

이 말을 들어보면 사람이 살면서 어떻게 사는 것이 궁극적으로 자신을 위하고 세상을 위한 삶인지 돌아보게 한다.

"제가 뛰어난 재주를 갖지 않았음에도 불구하고 남보다 먼저 어떤 일을 할 수 있었다면 그것은 책으로부터 얻은 교훈 때문입니다."

안 교수는 '무조건 많은 책을 읽는 것보다 좋은 책을 천천히 생각해가면서 읽는 것이 좋다'며 사색을 강조한다. 그는 책을 읽을 때마다 생각나는 것이 있으면 거기에 그대로 메모를 하는 편이다.

책을 읽은 후에는 그 메모만 모아서 따로 정리를 한다. 그가 베스트셀러였던 『영혼이 있는 승부』등 9권의 책을 출간한 것 또한 이 축적된 DB 덕분이다.

"책을 읽는다는 것은 자신을 이해하는 것입니다. 사람들은 자기가 이미 알고 경험한 정도만큼 책을 통해서 얻을 수 있습니다. 때문에 스스로 부족한 부분을 깨우치기 위한 노력을 할 때만이 책을 읽는 진정한 가치가 있습니다. 책은 정답을 제시해주지 않습니다. 오히려 우리 옆에서 여러 견해를 들려주는 충실한 조언자이자 동반자 역할을 합니다."

그는 또 '책을 읽고 머리로만 깨우치고 행동으로 옮기지 않으면 아무 소용이 없다'며 '책으로 쌓은 지혜와 견문은 오랜 시간 내재된 후에야 빛을 발하기 때문에 너무 조급하게 생각하지 말고 꾸준히 책을 읽어야 한다'고 충고한다.

안철수의 독서법

1. 사람들은 자기가 이미 알고 경험한 정도만큼 책을 통해 얻을 수 있다.

책 읽는 사람의 지식, 경험의 크기에 따라서 그리고 현실에서 얼마나 고민하고 열심히 살아왔느냐에 따라서 이해의 정도와 폭이 다를 것이다.

2. 독서에서 글을 읽는 만큼 중요한 것은 사색이다.

책을 읽어서 해치운다는 마음가짐보다는 책에서 얼마나 많은 것을 얻을 수 있느냐에 중점을 두어야 한다. 여러 권의 책을 읽는 것보다 좋은 책 한권을 천천히 생각해가면서 읽는 것이 더 좋다고 생각한다.

3. 몇 권의 좋은 책만 집중해서 보는 것이 잘못된 것은 아니지만 편협한 사고방식을 가지는 것은 경계해야 한다.

책은 세상을 바라보는 저자의 시각을 담아놓은 그릇이다. 세상의 모든 사물들과 현상들은 여러 가지 측면을 가지고 있기 때문에 이들을 올바로 이해하기 위해서는 여러 측면에서 바라보아야 한다.

4. 책은 읽기만 하는 것으로 그치면 아무런 소용이 없다.

책은 사고방식의 변화를 가져오거나 새로운 시각을 제공함으로써 궁극적으로 마음가짐의 변화, 생활 습관의 변화, 일하는 방식의 변화를 가져와야 한다. 필자는 개인적으로 '현실에 반영하지 못하는 지식은 쓸모없는 것이다' 라는 말에 공감한다. 생각만 하고 행동에 옮기지 않으면 아무런 소용이 없다.

5. 책은 교육과 마찬가지로 영향을 미치는데 어느 정도의 시간이 필요하다.

어떤 경우에는 몇 년 후에 그 효과가 나타나는 경우도 있다. 따라서 책을 읽은 효과가 바로 나타나지 않는다고 해서 조급해 할 필요는 없다고 본다. 책을 읽으면서 충분히 사색하고 책을 읽은 후에 그 시각을 적용하고자 노력했다면 언젠가는 내재화한 지식이 빛을 발할 것이라고 믿는다.

3

자기를 혁신하는 실천독서법

지식사회의 핵 '독서경영' •자기를 혁신하는 실천독서법 10 〈책을 마음가는대로 다루어라 | 보조 문방구를 다양하게 활용하라 | 창조의 흔적을 곳곳에 남겨라 | 현재 고민이나 기획과 연결하며 읽어라 | 아이디어는 무조건 적어라 | 자신만의 북 리뷰 습관을 만들어라 | 목적과 주제를 가지고 책을 읽어라 | 30분 내에 볼 수 있도록 정리하라 | 모르는 부분은 끝까지 물고 늘어져라 | 책, 두 번 태어나게 하라〉

자기를 혁신하는 실천독서법

지식사회의 핵 '독서경영'

독서경영이란 무엇인가?

주 5일 근무를 전후하여 독서경영을 위한 인프라들이 빠르게 구축되고 있다. 기업이 독서경영에 주목하는 것은 더 치열해진 글로벌 경쟁체제에서 생산성을 높여야 하는 반면에 근무시간은 줄어들었기 때문이다. 따라서 임직원들에게 근무 외 시간을 보다 생산적으로 활용할 수 있도록 다양한 책읽기 여건을 제공하는 것이다. 하지만 전 세계를 통틀어 독서경영을 위해 조직이 기회를 제공하는 것은 한국이 유일하다는 사실은 한국인들이 얼마나 자기계발을 체계적으로 하지 못하는가를 반증하는 것 같아 안타깝다.

독서경영은 직원들이 스스로 책 읽는 문화를 만들어 경험의 폭을 넓히고 지식과 기술을 쌓고, 토론 등을 통해 조직 차원에서 확산시키는 것이다. 독서경영은 나아가 이를 통해 기업 가치와 생산성을 높여가는 과정을 모두 아우르는 경영방식을 말한다.

독서경영을 시행하여 성과를 얻은 기업들은 이랜드, 벽산건설, 안철수연구소 등이 있다. 안철수 연구소는 독특한 인사시스템으로 언론에 자주 오르내렸다. 바로 핵심가치를 뒷받침하기 위한 제도틀로서 승진시험 때 독서를 반영하는 내용이다. 직원들이 회사 핵심가치를 이해할 수 있는 책을 충분히 인지하고 활용토록 하기 위해 필독서를 선정했다. 여기에 승진 면접 때 핵심가치와 비전을 실제 업무에 적용했는지를 평가한다. 이는 인사관리제도에 있어 대상자가 스스로 발전하려고 노력하는 사람인지, 아울러 다른 사람 발전을 위해서도 노력하는 사람인지를 평가해 고과와 연봉에 반영해야 한다는 안철수의 판단에서 비롯됐다. 하지만 지금은 직원들의 자율적인 독서가 일상화되어 인사에 반영하는 것은 폐기되었다.

무엇을 얻기 위한 독서경영인가?

모든 경영방식이 시대변화의 산물이듯이 독서경영 또한 급속한 사회발전의 부산물이다. 독서경영이 필요한 우리시대의 환경은 다음과 같다.

첫째, 지식경영 정착의 한계

인터넷이 대중화되기 전만 하더라도 지식경영은 기업의 경쟁력을 높이는 혁신운동으로 가치가 인정되었다. 그러나 MIT교수의 강의를 구글에서 무료로 볼 수 있는 환경에서 지식경영은 한계에 봉착했다. 게다가 평생직장의 붕괴로 미래에 불안감을 느낀 조직원들에게 암묵적 지식을 회사 웹사이트에 공유하라고 하는 것은 공허한 구호가 되었다. 조직을 그만두면 머리에 든 지식이 이동수단이 되는 상황에서 회사에 목숨을 건 일부를 제외하고는 회사에서 아무리 암묵적 지식을 내놓으라고 해도 내놓지 않는 것이 현실이다.

둘째, 회사교육으로는 시대가치 연동이 어렵다.

시장이 덜 개방되고, 경쟁이 덜 치열하던 냉전의 온기가 남아있던 시절에는 회사에서 시행하는 직능별/계층별/테마별 교육으로 회사의 비전을 실행하고, 시대의 변화에 맞는 변화관리를 하는데 큰 지장이 없었다. 그렇지만 주5일 근무는 교육받을 수 있는 절대시간을 줄여놓았다. 따라서 1년에 1~2번 받는 집체교육으로는 시대변화에 유연하게 대응하기 어려워졌다. 때문에 책을 통해 이슈가 되는 트렌드를 스스로 공부해야 하는 필요성이 한층 증대된 것이다.

셋째, 창의적 인재의 필요성

삼성그룹의 이건희 회장이 말한 천재론을 수행할 수 있는 창의력을 가진 직원의 중요성이 증대되고 있다. 하지만 실제로 창의적

능력을 가진 인재는 소수에 그치는 것이 우리 교육의 현실이다. 이런 점에서 스킨 로스의 저서『당신의 능력을 최대한으로 개발시켜주는 10가지 생활원리』에서 언급된 사례들은 우리에게 많은 시사점을 준다.

"어느 통계조사에서 다양한 연령대별로 사람들의 창의성 수준을 알아보았다. 조사 결과 40대 남녀 중 2%가 뛰어난 창의력을 가진 것으로 밝혀졌다. 조사는 나이가 더 어린 사람들을 대상으로 계속 이루어졌고, 그 결과 35세의 2%가 창의력이 뛰어난 것으로 나타났다. 30세의 경우도 2%가 창의적이었다. 이 같은 결과는 조사대상이 7세 어린이로 내려가기 전까지 각 연령대의 집단에 똑같이 나타났다. 하지만 7세 어린이부터 결과가 달랐다. 7세 어린이는 10%가, 5세의 경우 90%가 뛰어난 창의력을 나타낸 것이다. 5세와 7세 사이에 창의성이 뛰어난 사람들의 80%가 창의성이 떨어지는 이미지와 그림, 태도를 보여준다. 그리고 신이 준 특별한 재능을 거부하기 시작한다."

회사는 다양한 교육을 통해 창의력을 향상시키기 위한 기회를 제공하지만 짧은 기간에 받는 창의력 프로그램으로 창의력이 신장될 것이란 기대는 섣부르다.

미래형 인재가 되기 위해서는 스스로 창의력 회복 훈련을 해야 한다. 그런 측면에서 독서경영에서 다루는 창의적 개발과정을 교육생이 제대로 수행하기만 한다면 오프라인 교육보다는 더 큰 성과를 낼 수 있는 것이다.

넷째, 통섭의 필요성

통섭(統攝,Consilience)은 '지식의 통합'이라고 부르기도 하며 자연과학과 인문학을 연결하고자 하는 통합학문이론으로 1840년에 윌리엄 휘웰은 『귀납적 과학』이라는 책에서 언급했다.

통섭(統攝)이란 서로 다른 요소 또는 이론들이 한데 모여 새로운 단위로 거듭남을 의미한다. 현대적 관점으로 볼 때 통섭은 개별 지식의 분야에서 연구 활동으로 얻어진 사실들에 기반을 두어 새로움을 연구하고자 하는 학문들이다.

예를 들어 원자물리학은 화학과 관련이 깊으며 화학은 또한 생물학과 관련이 깊다. 물리학을 이해하는 것 또한 신경과학이나 사회학, 경제학을 이해하는 데 없어서는 안 된다. 이렇듯 각 분야의 다양한 접합과 연관이 이루어지고 있다. 이것이 변형되어 크로스오버나 다른 분야의 연합으로 인한 새로운 변종 아이디어를 만드는 것이 통섭의 분야다.

최재천 교수는 통섭은 '큰 줄기를 잡다, 모든 것을 다스린다, 총괄하여 관할하다'라는 의미로 학문간의 경계를 뛰어넘어 학문의 대통합을 이루어야 함을 강조한다. 통섭의 기업경영의 응용은 기업 밖의 전문가를 초청하여 새로운 아이디어를 재생산하는데 있다. 나아가 업무를 추진함에 있어서도 조감도 관점으로 부서 이기주의를 극복하는데 도움이 될 수 있을 것이다. '인문의 숲에서 경영을 만나다'는 통섭이 낳은 좋은 사례다.

다섯째, 경쟁 가속화로 역발상 필요

주기적 변혁기의 경제이론에 집착하는 학자들은 구조적 변혁기를 맞아 경기예측이 불가능하게 되었다.

싱가폴국립대학 신장섭 교수는 글로벌 환경에서 경제학자들의 분석지표들의 무용론을 주장하기도 한다. IMF를 비롯한 경제연구소가 발표하는 경제성장율 전망치가 수시로 변하는 사실에서 우리는 구조적 변혁기를 살고 있음을 실감한다.

그들은 왜 전문가라 대접받으면서 말 바꾸기를 거듭하는 것일까? 구조적 변혁기에 기존의 발상만으로는 급변하는 미래를 대응하기 어렵다. 전혀 다른 업종과 전혀 다른 나라에서 경쟁자가 나타나 기존에 수익을 내는 사업을 무력화시키는 것과 일상화시키는 것이 구조적 변혁기의 특징이다.

기업의 평균수명이 15년이 되지 않는 시대를 우리는 산다. 따라서 영속적인 기업으로 살아남기 위해서는 구성원들이 역발상으로 무장하지 않으면 안 된다. 독서를 통해 역발상을 찾고자 하는 기업의 노력은 자기계발 기회를 제공하는 것을 넘어 기업의 생존을 위한 필수불가결한 것이 되었다.

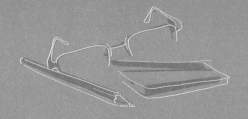

소리 내어 읽는 독서의 장점

1.뇌력 발달 : 운동선수가 근육강화를 위해 웨이트트레이닝을 꾸준히 하듯, '하루 10분! 큰소리로 읽는 습관' 은 뇌 근육을 강화시킴으로써 지능개발효과가 생긴다.

2.집중력 강화 : 산만한 아이 또는 생각하기 싫어하는 아이들에게, '하루 10분! 큰소리로 읽는 습관' 은 장시간 생각해도 지치지 않는 두뇌체력을 키워주는 좋은 방법이다.

3.워밍업 효과 : 공부 시작 전에 '하루 10분! 큰소리로 읽는 습관' 은 피로에 지친 두뇌를 다시 깨워 새롭게 공부의욕을 북돋워준다.

4. 기억력/암기력 강화 : 억지로 외우려면 잘 안 되던 것도 큰소리로 읽다보면 저절로 외워진다. '하루 10분! 큰소리로 읽는 습관' 은 기억력과 암기력을 획기적으로 향상시킨다.

이제 본격적으로 자기를 혁신하는 독서법이 무엇인지 그 방법들을 살펴보도록 하자. 모두 열 가지의 방법들이 소개될 것이다. 이 방법들은 기존에 사용되던 것들을 개선한 것들도 있고, 필자가 오랜 독서의 경험을 통해 깨달은 것을 정리한 것도 있다. 어느 경우든 자신을 새롭게 만들고 지식사회를 살아가는 지식인들에게 반드시 필요한 방법이라고 자신한다.

1. 책을 마음가는대로 다루어라.

일요일 아침이었다. 강의를 다니느라 며칠 동안 책을 가까이 하지 못해 아침에 일어나자마자 미친 듯이 줄을 그으며 책을 읽고 있었다.

"아예 책에 줄을 다 그으세요!"

아내가 핀잔을 준다.

"……."

아무런 대꾸 없이 그냥 책을 읽었다.

"줄긋는 소리에 도저히 잠을 잘 수 있어야지, 원!"

"……."

책을 읽는 방법은 사람마다 다르다. 대부분의 사람들이 선조들에게 물려받은 DNA에는 양피지에 글을 적어 돌려보던 시대의 기억을 각인하고 있다. 사람들은 가난해 책을 사서 읽기 힘든 시절에 다른 사람이나 도서관에서 책을 빌려서 읽던 방식에 보이지 않게 길들여져 있다. 이런 선행경험은 책을 신주단지 모시듯 하게 만든다. 하지만 그렇게 해서는 책을 읽고 본전 찾기 힘들뿐만 아니라 자기혁신 실천독서를 하는데 장애가 될 뿐이다.

읽은 책이 자기 것이 되기 위해서는 책의 곳곳에 어떤 방식이든 자신만의 흔적을 남겨야 한다. 그래야 읽은 책들이 자신만의 혼이 담긴 책이 된다.

나는 직장에 입사해 책을 사볼 수 있는 기회를 잡은 이후부터 이 방법을 실천하고 있다. 오피스텔에 갈 때마다 나는 늘 마음이 부자가 된 기분이다. 그곳에는 이렇게 내 마음대로 줄을 긋고 메모를 한 3000천여 권의 책이 언제나 그 자리에서 나를 기다리고 있기 때문이다.

강의를 위해 이동 중에 라디오를 켰는데 '밑줄 쫙' 하는 모 보험회사 광고 카피를 접하고 웃음이 나왔다. 사람들은 왜 학교를 졸업하고 나선 책을 읽을 때 그 기법을 잘 사용하지 않는지 궁금증도 생겼다. 이는 행여 어른이 되었다는 쑥스러움이나 성장이 완성되었다는 자만심이 진지함을 좀 먹는 것은 아닐까? 아니면 게으름에 길들여져 그런 것인가?

별표를 하고 중요구절을 나름대로 표시하는 적극적 책읽기는 책을 더욱 자기 것으로 만들게 한다. 아마 자녀들이 부모의 자기혁신 실천독서를 하는 모습을 본다면 '책을 읽어라'는 잔소리를 하지 않아도 그 진지함에 감동받을 것이다. 얌전히 책을 대하지 말고 학교 다닐 때 배운 기법을 십분 활용해서 책을 읽는다면 그냥 읽는 것에 비해 훨씬 더 생산적이고 창조적인 책읽기가 될 것이다.

사진 1, 2에 나와 있듯이 필자는 책을 심하게 대하는 편이다. 이제 수십 년 동안 습관이 되어 그렇게 책을 읽지 않으면 책을 읽은 것 같지가 않다. 이처럼 적극적으로 책을 다루기 위해서는 전제조건이 있다. 책은 돈을 주고 사서 보아야 한다는 것이다. 남에게 빌

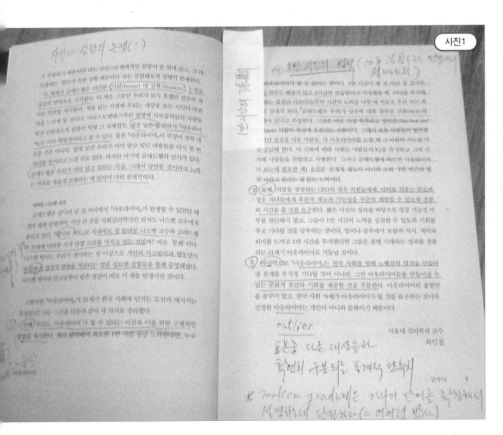

사진1

린 책이나 도서관에서 대여한 책은 이렇게 다룰 수가 없다. 그래서인지 몰라도 필자는 대학시절 많은 책을 읽었으나 기억에 남는 것이 별로 없다.

호기심이 많던 시절 대출기간 내에 책을 제대로 읽는 것이 어려웠고 흔적도 없이 책을 읽는 것은 아쉬움으로 남았다. 그런 면에서 책 사는 돈을 걱정하지 않아도 되는 지금의 대부분 젊은 세대들이 부럽기만 하다.

지금의 문제는 오히려 풍요로움이 문제가 되는 것이 안타깝다.

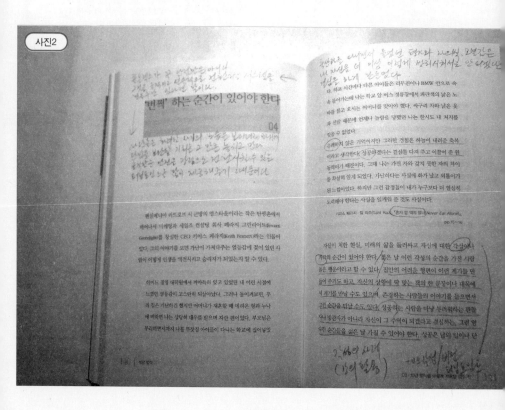

사진2

어린 시절부터 전집을 비롯해 책이 가득한 공간에서 자란 세대들에게 절박함이나 결핍의식을 찾기는 힘들다. 결핍이 때론 열정으로 승화하는 것이 삶의 모습이기도 한데 말이다.

책을 좋아하다보니 여러 경로로 책을 선물 받는 경우가 늘어간다. 경험에 의하면, 다른 사람에게 선물로 받은 책이나 출판사에서 보내오는 증정 책, 저자에게 선물 받은 책은 대부분 읽어야 할 우선순위에서 뒤로 밀리게 된다. 왜냐면 자신의 관심이나 목적과 맞지 않을 수도 있고 공짜로 얻었다는 생각이 책의 가치를 떨어뜨릴 수도 있기 때문이다.

책을 사는 과정 자체는 관심이나 목적과 결부되어 있다. 그 과정들이 책과의 첫 만남에 대한 긴장감이나 호기심을 높여준다. 까닭에 그런 책들은 더 사랑스럽게 자신을 끌어당긴다. 필자도 강의를 처음 시작했을 때 교육생들에게 책을 사인해서 많이 선물하기도 했지만, 지금은 자제하고 있다. 직접 돈을 주고 책을 샀을 때 본전 생각이 나서라도 더 열심히 읽게 되는 것이 인간의 이기심임을 깨달았기 때문이다.

가끔은 책을 읽는 도중에 전화를 받는 경우가 발생한다. 그럴 때 책을 아무렇게나 접어둔 채 전화를 받는데, 아내가 옆에 있게 되면 어김없이 핀잔을 듣는다.

"책을 왜 그리 함부로 다루세요?"

"……."

"나보다 소중한 것들 중 하나 아닌가요?"

"……."(그래서 어쩌란 말인가?)

가끔 술을 먹고 들어온 날 아내와 밀린 이야기를 하곤 한다. 그럴 때 주로 화제가 되는 것이 책이다. 술 취한 기분에 흥에 겨워 책에 대한 브리핑이 시작된다. 묵묵히 듣고 있던 아내 왈,

"어떻게 읽은 책에 대해서 그렇게 설명을 잘하세요?"

그럴 때 나는 이렇게 대답하고 싶은 충동에 빠진다.

"당신이 딴죽을 건 그 방식으로 책을 읽기 때문이지."

책을 좀 더 자신만의 것으로 만들기 위해서는 무자비함이 필요하다. 돈을 주고 구입했다면 스스로 버리지 않는 한 평생 자신 소유의 책이 되는 것이다. 저자에 대한 예의라 생각해서 가끔 책을 고귀하게 대하는데 저자가 바라는 바는 아닐 것이다.

출간강연회나 강의를 갔을 때 저자 사인을 부탁받는 경우가 종종 있다. 그럴 땐 참 난감해진다. 뻔한 이야기를 적어주는 것이 독자에게 미안함으로 작용하기 때문이다.

시간에 여유가 있는 경우 책장을 넘겨본다. 이곳저곳 메모가 되어 있는 경우 참 반갑다. 필자가 전달하고자 하는 의미를 넘어 독자가 행간을 읽고 자기의 관점으로 확대한 경우를 발견하기 때문이다. 그런 경우 독자에게 맞는 의미 있는 구절을 적어 사인을 해주기가 참 쉽다. 그렇게 하면 독자는 더 유대감을 느낄 것이다. 하지만 책을 다 읽었음에도 불구하고 아무런 기록이 없는 경우 좀 더 나은 사인을 위해 질문을 해야 한다.

"책을 읽고 어떤 부분이 가슴에 와 닿았습니까?"

“……."

　기록하는 연습을 하지 않고, 질문하는 내용에 대해 즉답을 할
수 있는 경우는 드물다. 머리를 긁적거리는 독자에게 괜한 질문을
했나하고 곧 후회한다. 그럴 때마다 독서하는 방법을 조금만 개선
하면 더 좋은 성과를 얻을 텐데 하는 아쉬움이 남는다.

　우리가 잊지 말아야 할 것이 있다. 그것은 애정을 쏟은 만큼 오
래 기억되고 많이 남는다는 사실이다. 애정을 쏟는다는 것이 무엇
인가? 밑줄을 치고 기록을 하고 애정을 다해서 읽어가는 것이 아
닌가. 그럴 때 책은 나의 삶의 동반자가 되고 소중한 자원이 된다.

　책도 생명이 있다. 나는 오늘도 볼펜을 들고 도서관, 버스, 열차,
카페, 이동 중의 차량 안에서 무자비하게 책에 줄을 긋는다. 그것
은 최소한 책 값이나 볼펜 값 이상으로 내 인생에 성과를 준다.

2. 보조 문방구를 다양하게 활용하라

자기혁신 실천독서를 위해서는 필기구를 잘 활용하는 것이 효율적이다. 줄을 긋기 위해 볼펜을 사용하더라도 단색인 경우에는 효과가 반감된다.

필자가 주로 사용하는 볼펜은 사색 볼펜이다. 검정, 파랑, 빨강, 초록색을 구분해서 사용하면 자신만의 정리방법이 생긴다. 참고로 필자는 검정(일반적인 감상들을 여백에 적는 용), 파랑(1차적으로 중요하다고 느끼는 구절), 빨강(파랑보다 더 중요한 구절), 초록(앞으로 인용할 구절)을 사용한다.

형광펜을 이용하는 것도 도움을 준다. 한 페이지에 볼펜을 많이 사용하면 어느 것이 중요한지 헛갈린다. 이때 형광펜을 사용하면 다시 책을 펼쳤을 때 한눈에 볼 수 있게 된다. 형광색(1차 중요), 주황색(2차 중요), 초록(인용할 구절)을 사용하면 다시 책을 읽거나, 칼럼이나 집필을 위해 참고자료를 찾을 때 6단계(파랑볼펜→빨강볼펜→초록볼펜→형광색 형광펜→주황색 형광펜→초록색 형광펜 순)로 구분되어서 좋다.

도서관 등 공공장소에서 다양한 필기구를 사용해서 책을 읽는 경우에는 몇 가지 불편함도 따른다. 특히 주위 사람들에게 방해가 되는 것 같아 미안하다. 다른 한편 아무리 좋은 볼펜이라 하더라도 볼펜 똥이 자주 나와 계속해서 닦아내야 한다. 특히 여름철이 가까워지면 그 정도는 심해진다. 그래서 늘 휴지를 지참해야 한다.

이 세상 모든 일이 그러하듯이 불편함을 감수하지 않거나, 부지런함을 발휘하지 않으면 그만큼 성과가 떨어짐을 독서과정에서도 배우게 된다. 좀 더 편안한 것을 추구하며 살다가 그 편안함으로 인해 결정적일 때 더 불편함을 느끼게 되는 것이 인생이다. 아쉬운 점은 국내에서 생산하는 사색 볼펜의 경우 제대로 먹이 나오지 않거나 줄이 균일하게 나오지 않아 아직도 외국제품을 구입해서 사용해야 하는 점이다.

색깔 있는 볼펜을 사용할 때 주의할 점이 있다. 사색 볼펜을 사용하는 습관을 정착시키기 위해서는 언제나 사색 볼펜이 주변에 있어야 한다는 것이다. 도서관에서 책을 읽을 때는 사색 볼펜이 있어 마음대로 사용할 수 있지만 독서습관이 생기고 때와 장소를 가리지 않고 독서를 하게 되면 사색 볼펜이 없어 불편할 때가 많아진다. 그런 불편을 예방하기 위해서는 곳곳에 사색 볼펜을 두어야 한다. 거실, 침실, 노트북 가방, 양복주머니 등 곳곳에 사색 볼펜을 비치해야 한다. 분실되는 경우도 많다. 자녀들이 초, 중등학생일 경우 자주 가져가기도 하기 때문이다. 분실하는 것까지 염두에 두고 구입을 해서 곳곳에 놓아둔다면 스트레스를 받지 않을 것이다.

정리를 하는데 포스트잇을 활용하는 것도 큰 도움이 된다. 포스트잇의 종류는 다양하다. 사카토 켄지가 지은『메모의 기술』에 언급된 방법을 참고해도 좋을 것이다. 사진 3과 같이 포스트잇은 필기구를 사용하는 것에 한계를 느낄 때 사용하면 좋다. 당장 활용할 수 있는 아이디어 기록에는 포스트잇이 제격이다. 포스트잇의 사용원칙은 하나에 하나의 아이디어를 기록하는 것이다. 그래야만이 사용 후 쉽게 버릴 수 있다. 여러 가지를 한꺼번에 적을 수 있는 규격이 큰 포스트잇은 정리하기도 어렵고 버리기도 쉽지 않아 기준 없이 사용하면 오히려 혼란스러울 수 있다. 시중에는 다양한 포스트잇이 있으므로 자신에게 맞는 것을 선택해서 사용한다면 훨씬 효과적인 독서를 할 수 있다.

내가 알고 지내는 작가 중에 한사람은 포스트잇을 사용하는데 아주 정통하다. 시중에 나와 있는 포스트잇을 대부분 활용하고, 더해서 자신이 제작해서 사용하기까지 한다. 그래서인지 그는 읽은 책에서 필요한 자료를 찾는데 아주 빠르다. 그 작가가 1년에 몇 권의 책을 내는 데는 아마 그런 역량들이 큰 역할을 하고 있지 않은가 짐작된다.

솔직히 나는 정리를 잘 못하는 편에 속하는 사람임을 고백한다. 그렇지만 아무리 서툰 사람도 자주 이용을 하다 보면 방법이 연구되어 능통해지는 법이다.

군대에서 배운 것이 하나 있다. 세상의 모든 일 중 배우고 태어난 사람은 아무도 없다는 것이다. 처음 접하는 일도 선임이 시키면 조잡함과 시간이 더 걸릴 뿐 누구나 해낼 수 있다는 것을 경험으로 알았기 때문이다. 그 덕분인지 집에서 사용하는 물건이 고장이 나는 경우 웬만한 것은 스스로 고친다. 아내나 아이들에게 좀 괜찮은 남편과 아버지라는 것을 확인받을 때면 군대경험이 참 가치 있는 것이란 생각을 한다.

어떤 일에 정통하기 위해서는 혼을 담아 수많은 시행착오를 경험해야 비로소 자신만의 방법을 만들 수 있는 것이 인생이 아닐까? 처음에 보조 문방구를 사용하게 되면 혼란을 경험할 수도 있을 것이다. 시행착오를 통해 좀 더 나은 방법을 배워가는 것이 자기혁신 실천독서를 향한 지고지순한 과정이다.

학교 다닐 때 유난히 정리를 잘하는 친구들이 있다. 그런 친구들을 관찰해보면 자신만의 정리 시스템을 가지고 있는 경우가 대부분이다. 모든 사람은 충분히 역량을 가지고 있지만 자신은 아니라고 생각하면서 활용을 하지 않는다. 지금부터라도 독서를 통해 성과를 제대로 내고자 한다면 시간과 돈을 투자해서 더 나은 결과를 내도록 노력해야 한다.

위대함은 늘 작은 것들이 하나 둘 모여서 큰 결실로 이어진다는 것을 명심하도록 하자. 그리하여 자신의 방법을 만들어내는데 집중하도록 하자. 다른 사람이 주장하는 아무리 좋은 방법이라 하더라도 실제적으로 자신에게 적용해보면 잘 되지 않는 것이 방법론의 한계다.

현명한 사람들은 방법론의 일부만을 자신의 것으로 만들어 계속 성장하는 반면 보통 사람들은 방법론을 실천하기도 전에 스스로 판단해서 방법론의 장단점을 생각하느라 시간의 대부분을 보내고 만다. 그런 시간이 있다면 아무것이나 그냥 따라하도록 하자.

유명한 맛집으로 소문난 곳을 가끔 방문하다보면 실망하는 경우가 있다. 다른 사람에겐 유명한 맛집일지 모르지만 자신의 입맛에 맞지 않는 집도 많기 때문이다. 자기혁신 실천독서법 또한 마찬가지일 것이다. 필자에게 맞는 방법이 독자들에게 맞는 방법일 수는 없다. 우리 모두는 다양한 방법의 연습을 통해 자기 글씨체를 만들어 평생을 사용하면서 산다. 독서방법 또한 그러하다는 것을 염두에 두고 성과가 없다면 지금과는 다른 방법으로 접근하는 용기를 내자.

3. 창조의 흔적을 곳곳에 남겨라

책을 구입하고 나서 단번에 읽는 경우는 거의 없다. 사람에 따라 다르겠지만 일반적으로 한 권의 책을 다 읽는데 일주일에서 보름 정도의 기간이거나 길게는 몇 달이 걸린다. 이럴 경우 책을 덮고서 며칠이 지난 후 다시 책을 펼치게 되면 흐름을 놓치거나 집중력이 현저히 떨어지게 된다.

사진 4에 나와 있듯이 필자는 책을 읽을 때 책 구석구석에 생각

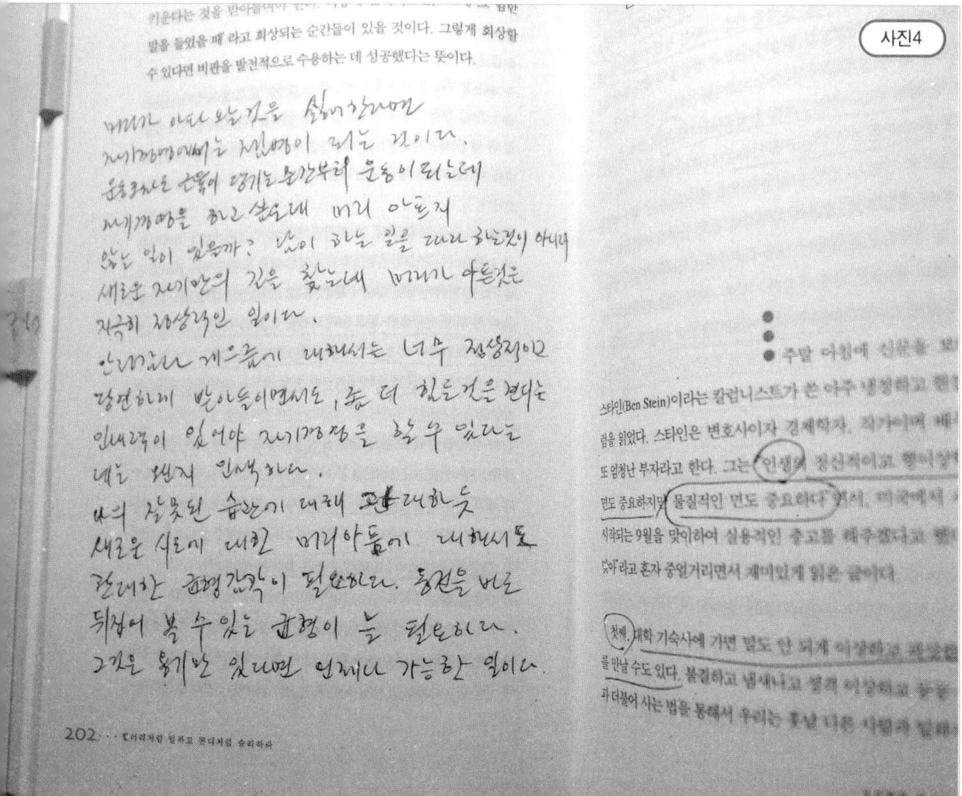

사진4

나는 대로 글을 적는다. 앞면도 좋고, 뒷면도 좋고, 단락이 끝나는 지점 등 어느 곳이든 좋다. 그냥 생각이 가는대로, 적고 싶은 대로 아무 것이나 적으면 된다.

피터 드러커는 생산과 혁신에 대해 다음과 같이 말했다.

"생산은 가진 자원을 좀 더 발전시키는 것이고, 혁신은 새로운 것을 만들어내는 것이다."

창의력은 혁신에 가까운 것이다. 아주 새로운 것을 만들어내는 것이라기보다는 새로운 관점으로 접근한 결과 진화된 개념에 도달하는 과정이다. 그런 측면에서 '하늘 아래 새로운 것은 없다'라는 경구가 가슴에 와 닿는다.

독서는 창의력을 신장하는데 아주 좋은 도구다. 책을 읽다가 다른 활동을 하는 경우 우리의 의식은 책과 관련되어 발전한다. 길을 걷거나, 운전할 때, 휴식 중에 여러 가지 생각들이 교차하여 진화하는 것이 사고의 틀이다. 그럴 경우 지금껏 본인이 쌓은 지식의 기반 위에 새 책을 읽은 심상들이 더해지면 전혀 새로운 통찰이 발견하는 경우가 많다. 이럴 경우 또 다른 메모도구를 지참하는 것이 중요하다. 포켓용 수첩이나 메모지를 항상 가지고 다니는 것이 그래서 중요하다. 그것이 쌓이면 창의력의 힘이 된다.

얼마 전 아침방송 프로에서 안철수 석좌교수의 인터뷰를 보았다. 안 교수는 창의적 아이디어 메모광으로 유명하다. 그는 항상 메모지가 든 가방을 둘러메고 다닌다. 컴퓨터 전문가인 그가 컴퓨터로 정리하지 않고, 메모지가 가득 든 가방을 메고 다니는 것에 많은 사람들이 이해를 못한다고 한다. 하물며 메모지가 든 가방의 무게만 하더라도 10킬로 정도가 되어 하루 종일 가방을 메고 이동하다가 퇴근해서 집에 오는 날에는 가방을 멘 어깨가 뻐근하고 아플 정도라고 한다.

'왜 메모가방을 계속해서 메고 다닙니까?'라는 진행자의 질문에 안 교수는 창의력을 발휘하는데 그 이상의 프로세스를 발견하지 못했기 때문이라고 수줍게 웃었다. 시간이 날 때마다 고민하는 부분에 대해 적어놓은 메모를 꺼내놓고 생각에 잠기다보면 전혀 새로운 아이디어가 계속해서 쏟아진다고 한다. 시대가 아무리 디지털화된다고 하더라도 인간의 사고는 아날로그 상태에서 더 많은 창조를 한다고 안 교수는 마무리를 했다.

안 교수의 사례는 곧 사색의 과정을 통해 아이디어를 재생산하는 과정을 설명한 것이다. 우리도 안 교수처럼 사색의 순간에 일상적인 일에서 개선할 것이 발견되었다면 아이디어를 적으면 된다. 책을 통해 글감을 얻게 된다면 글감에 대해 아이디어를 적고, 앞으로 책을 출간할 계획이 있는 사람이라면 어떤 책을 낼 것인가에 대해 아이디어를 적으면 된다.

아이디어를 적을 때 유의할 점이 있다. 하찮은 것이라 하더라도 머릿속에 생각나는 대로 미친 듯이 적는 연습을 하라는 것이다. 그것이 곧 창의력을 깨우는 연습이다. 우리를 편리하게 하는 지구상의 많은 발견들은 이런 과정을 통해 발견된 것이 대부분이다. 처음엔 주변 사람들의 눈치를 보거나 몸에 배지 않아 어색하지만 자꾸 거듭하다 보면 주변으로부터 창의적 인재라는 평가를 받게 될 것이다.

낙서도 시간 때우기로 하면 지겨워지지만 하나의 주제를 가지고 하면 가시적 성과를 얻게 되는 것도 이 때문이다. 이런 연습이 거듭되고 어느 순간이 되면(필자의 경험으로 1~2년 정도) 기획서를 작성하거나 한두 장의 글을 적는 것은 아주 쉽게 느껴진다. 남이섬 주식회사의 강우현 사장이 즐겨하는 방식이다.

아이디어를 적는 연습은 새로운 아이디어의 세계로 이끌어간다. 하나의 주제에 대해 여러 각도에서 고민하면 전혀 새로운 실마리를 찾을 수 있게 된다. 이런 방식은 소프트뱅크 손정의 회장이 자주 활용하는 방식이기도 하다.

손 회장은 미국 유학시절 잡지에서 본 사진(인텔이 발표한 i8080칩)을 오려 파일에 넣고 가방 안에 늘 가지고 다녔다. 심지어는 화장실에 갈 때도 가지고 들어가고, 잠을 잘 때는 베개 밑에 놓아두었다고 한다. 그 당시 손 회장 스스로 '아이디어 뱅크'라 부른 발명 노트에는 무려 250개 이상의 발명품이 영어로 상세하게 기록되어 있었다.

그는 발명에 있어 크게 3가지 방식을 사용한다. 첫째는 문제를 해결하는 방법, 두 번째는 수평적 사고에 의한 발명이다. 한마디로 역전의 발상을 의미한다. 세 번째 방법은 서로 다른 요소를 조합하는 방법이다. 새롭게 창조하기보다는 기존에 있는 발명품을 합치는 방식이다. 그는 영어단어장에 생각나는 대로 단어를 적었다. 예컨대 귤, 열쇠, 메모리 등 갖가지 명사를 적는 것이다. 단어가 적힌 카드가 300장 정도 완성되면 트럼프처럼 젖히며 그 중에서 세 장을 뽑아낸다. 세 개의 단어를 조합하면 그만큼 새로운 상품이 탄생할 가능성이 생긴다. 손 회장은 이런 방식을 통해 하루에 단 5분을 할애해서 발명품을 만들어내기도 했다.

책을 읽을 때 창조적 흔적을 더욱 많이 남기기 위해서는 여백을 최대한 성찰의 공간으로 활용하는 것이 좋다. 책의 여백이 존재하는 이유는 가독성이다. 그렇지만 자기혁신 실천독서를 하는 사람들에게 여백은 사색하는 자를 위한 훌륭한 공간일 뿐이다. 책의 여백을 잘 활용하는 방법만 적용하더라도 한권의 책을 읽고 나면 발전한 자신에 뿌듯해 할 것이다.

독서를 통해 자신이 기존에 가졌던 모호했던 개념이 작가가 전달하는 전혀 다른 해석을 통해 한줄기 빛이 될 때 독서는 감동이 된다. 그때 느낀 감동과 아이디어를 글로 남기는 연습을 해보라. 얼마 지나지 않아 글을 적을 때 발전한 정신세계에 스스로 놀랄 것이다.

사진 5는 필자가 이런 방식으로 책에서 느낀 하나의 의미에 대해 앞뒷면에 정신없이 휘갈겨 적어놓은 것이다. 조금만 다듬으면 하나의 훌륭한 글이 된다.

내 주변에는 이런 도구들이 많다. 운전석 옆에는 메모노트가 있고, 메모노트 옆에는 포스트잇이 있다. 가끔씩 대기시간에 메모노트를 열어서 관찰을 할 때면 운전 중에 한손으로 휘 갈려 쓴 꼬불꼬불

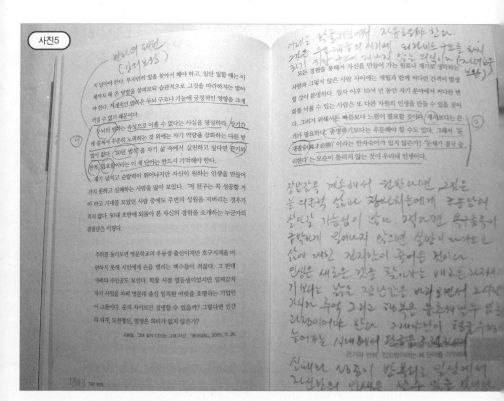

사진5

한 글씨를 발견하기도 하고, 강의 프로세스를 적어 놓은 것도 많다.

나는 그 메모노트를 통해 또 새로운 생각을 이어가고 내가 궁금했던 사항에 대해 나만의 개념을 만들어간다.

사무실에 가면 해마다 사용해온 스케줄 수첩이 있는데, 연락처나 통장계좌를 찾기 위해 수첩을 뒤적이다 보면 스스로 놀랄 때가 많다. 언제 내가 그런 메모를 해놓았는지 신기하게 느끼는 때도 종종 있다. 출장 중 어느 지역 화장실에서 본 문구를 적은 것도 있고, 그때 고민했던 부분을 풀기 위해 도식화를 해놓은 그림도 있고, 강의를 하기 위해 어떤 질문으로 시작할지 고민을 한 갖가지 포스트잇이 수첩 곳곳에 있음을 발견한다. 그럴 때 나는 또 시간을 내어 메모 속에서 확장한 새로운 것들을 적게 된다. 그 과정이 어떤 결과를 줄 것인가에 대해 생각하기에 앞서 나는 그 작업을 즐기면서 한다. 그 즐기는 과정을 통해 나는 오늘도 좀 더 창의적으로 발전하고 있음을 믿기 때문이다.

4. 현재 고민이나 기획과 연결하며 읽어라

몰입의 중요성은 누구나 알고 있을 것이다. 제대로 일을 하기 위해서는 주어진 24시간은 물론 25시간이 있다는 생각으로 자신이 현재 고민하는 일과 연결지어야 한다. 그럴 경우 아무리 머리가 나쁜 사람이라 하더라도 아이디어는 자동적으로 나오게 되어 있다.

칙센트 미하이칙센트 교수가 주장하는 '플로우(Flow-행위에 깊게 몰입하여 시간의 흐름이나, 공간, 더 나아가서는 자신에 대한 생각까지도 잊어버리게 될 때를 일컫는 심리적 상태)'나 황농문 교수의 『몰입』이란 책에서 다루는 주제도 이와 관련된 것이다.

새로운 아이디어가 떠오르지 않을 때는 머리를 쥐어짜더라도 건져 올릴 거리가 별로 없다. 그럴 땐 한걸음 물러나 현재 고민하거나 기획하고 있는 것과는 전혀 다른 분야의 책을 읽는 것이 큰 도움이 된다. 다른 분야의 책들이 오히려 생각의 크기를 키워주고 관점을 넓혀서 자신이 고민하는 것들을 새로운 각도에서 풀 수 있는 좋은 지침을 주는 경우가 많기 때문이다. 자기혁신 실천독서의 장점은 고민이나 기획에 대해 새로운 접근을 가능하게 하고 고갈된 아이디어를 재생산하는 것에 있다.

직장생활을 하다보면 매월 반복되는 일을 잘못 처리해 지적을 받는 사람들이 더러 있다. 신입사원 시절이야 경험도 부족하고 전체를 바라보는 시야가 좁아 흔히 겪을 수 있는 문제라 이해할 수 있지만 중견사원이 되어서도 여전히 그런 행동을 하는 사람을 상사들은 이해하지 못한다. 창조적인 일도 아니고 특별하게 기획할 일도 아닌데 동일한 건으로 왜 지적을 받는지 이유가 궁금했다. 그런 사람들 중에 특별히 능력이 부족한 사람은 드물다. 원인은 자기 일에 대한 열의가 부족하고 의미를 찾는 노력을 하지 않거나 진지하게 고민하고 개선하려는 노력이 부족한 경우가 대부분이었다.

A라는 직원이 그랬다. 아무리 멘토링을 열심히 하려해도 개선될 기미가 보이지 않았다. 필자는 A를 보다 나은 직원으로 육성시키기 위해 일정 준비기간을 주고서 한자시험과 타자연습을 시키곤 했다. 그러나 시간이 지나면 나아질 것이란 기대를 그는 번번이 저버렸다. 업무로드가 생기는 것은 다반사였으며, 하는 일에도 실수가 잦았다.

어느 날부터 A의 일상을 관찰하기 시작했다. 출근시간도 일정하지 않았고, 출근을 하면서 그날의 업무순위를 스스로 결정하지 못했다. 그러다보니 출근하자마자 시키는 일을 하느라 정신이 없거나, 이미 지시된 업무도 제대로 맞추지 못해 늘 잔소리를 듣는 것이었다.

하루는 하도 답답해서 '일이 밀리면 일요일에 몇 번만 출근해 일을 정상화시키면 될 것을 왜 그러냐?'고 물었지만 그는 그 말을 끝내 이해하지 못했다. 그리고 업무를 잘하기 위해 어떤 자기계발도 하지 않았다. 결국 그는 오래 지나지 않아 회사를 그만두었다.

우리 주변에도 A와 같은 직장인이 많다. 자신이 만약 A와 같은 처지에 놓여 직장생활을 한다면 독서를 통해 자신을 변화시켜야 한다. 태도나 업무와 관련된 책을 선택한 후 업무와 관련하여 고민이나 기획과 연결해서 자기혁신 실천독서를 한다면 그런 업무 패턴에서 벗어나 유능한 인재로 거듭날 수 있을 것이다.

고양이 빌딩을 소유한 것으로 유명한 일본의 작가 다치바나 다카시는 책을 읽을 때는 메모도 하지 말라고 충고했다. 메모하기 귀찮아하는 독서가들에게 귀가 솔깃해지는 말이다. 그러나 그의 직업은 전업작가다. 따라서 그의 책읽기는 대부분 글쓰기를 전제로 한다는 점에서 일반인의 독서와는 근본적으로 다르다. 그러므로 일반 독서가가 그의 방법을 절대적으로 신봉할 필요는 없다. 대부분의 사람들이 글쓰기를 위해 책을 읽지는 않기 때문이다.

책을 읽다가 생각을 하고 싶은 욕구가 일어나는 것은 생각이 가지치기를 하거나 뿌리를 내리고자 하는 과정이다. 이럴 때 책을 계속 읽어나가면 그 잔상이 달아난다. 언젠가 다시 나타날 수도 있겠지만 그 상황이 다시 재연되기 위해서는 또 많은 시간을 필요로 한다. 대개의 경우 영원히 다시 생각나지 않을 수도 있다. 읽고 있는 순간의 상황과 그 작가의 글을 통해서만 발현되는 지혜의 빛일 수도 있기 때문이다. 이럴 때 고민과 기획에 대한 아이디어가 많이 생기는데 그냥 지나가라고! 그렇다면 책을 왜 읽는단 말인가? 때때로 우리는 자기 기준도 없이 전문가의 충고를 잘못 받아들여 시간을 낭비하는 경우가 많다.

필자의 첫 직장은 영업이 우선시되는 회사였다. 그래서 일부 특수 업무부서 직원을 제외하고 일정기간이 지나면 관리직에서 영

업관리자로 이동해서 경력을 쌓아야 승진이 되는 것이 인사상의
불문율이었다. 회사의 불문율에 따른다면 자의든 타의든 영업관
리자의 길을 걷지 않은 필자(나중에 안 사실은 모셨던 상사들이 자기의
필요에 의해 발령을 내지 않음) 같은 사람은 제때 진급을 못하는 것이
불 보듯 뻔한 일이었다. 하지만 나는 그런 불문율 따위는 믿고 싶
지도 않고, 그것을 환경적 요인으로 받아들이며 인정하고 싶지도
않았다.

입사 이후 나는 '월급의 10%를 자기계발에 투자한다'는 원칙을
지키고 있었다. 준비한 사람에게 기회는 늘 오는 법이다. 나는 기
회를 만들고 싶었다. 그 시절 나는 톰피터스가 적은 『해방경영』이
란 책을 옆구리에 끼고 버스를 타고 다니며 읽고 있었다. 그 책은
페이지가 1300페이지에 달해 들고 다니기도 불편한 책이라 사람
들이 베개를 하면 좋겠다고 놀려대던 책이기도 했다.

어느 주말 나는 경영자에게 회사발전을 위한 제언을 하고 싶다
는 충동을 느꼈다. 그래서 담담하게 회사발전을 위한 6대 개혁과
제를 적어 월요일 아침 행랑 편으로 창업주 아들에게 송부하였다.
개혁과제에는 직장인인 내가 아내와 자식 그리고 주변사람에게
당당하게 인정받고자 하는 회사의 미래모습이 담겨 있었고, 우선
적으로 회사 시스템상 개혁되어야 할 과제에 사례를 들어 논리적
으로 설명하는 글을 적어 보냈다.

첫 번째가 사장의 퇴임을 권유하는 것이었다. 그 당시 직원들의
정서는 사장에 대한 존경심은 고사하고 삼삼오오 모이면 사장을

헐뜯는 것이 일상화되어 있었다. 나는 그런 사장 밑에서 근무하는 내 자신과 다른 3000여 명의 미래가 암울하다고 생각했다. 내가 보기에 사장은 발령을 받고자 하는 중간관리자에게 금전적인 뒷거래를 공공연하게 했고 자기를 뛰어넘을 수 있는 임원들을 10년 이상 제거하는 전략을 구사하는 구시대적인 관리자의 전형이었다. 아울러 나는 사표도 적어서 오른쪽 호주머니에 넣었다.

2개월이 지나고 나니 내가 제안한 6대 개혁과제 중 5가지가 실행되는 것을 눈으로 확인할 수 있었다. 첫 번째는 사장의 퇴임이었다. 나는 지금도 창업주 2세를 존경하고 있다. 입사 3년도 되지 않는 직원의 제안을 파격적으로 수용한 그 용기에 찬사를 보내기 때문이다. 지금 그 분은 아버지에게서 받은 회사를 시대변화에 맞게 기업의 구조를 변화시켜 훌륭한 기업으로 운영하고 있다.

사장이 바뀌고 난 후 회사는 많은 변화가 있었다. 그 중 유명무실하던 제안제도가 보완되어 1년 간 누계를 해서 연간 1등을 하는 사람에겐 인사상 특혜를 준다는 공고가 있었다. 나는 물 만난 고기처럼 그동안 쌓아온 내공을 발휘했다. 출퇴근하면서 대내외적으로 회사의 시스템을 개선할 점과 업무상으로 개선할 점 등을 깨알 같이 아이디어노트에 적었다. 책을 읽다보면 업무를 하면서 개선해야 할 아이디어들도 넘쳐났다. 그렇게 1주일이 흐르고 주말이 되면 토요일 밤 10시부터 방문을 걸어 잠그고 일요일 새벽 3~4시까지 제안서를 작성해 월요일 아침에 제출하곤 했다. 1년이 흐른 결과 나는 신 경영 1대 제안 왕이 되었다. 그 결과 다른 사람들이 말하는 불문율을 넘어 영업경험이 없어도 스스로의 노력으로 진급을 할 수 있었다.

지금 그 시절을 돌아보면 3000명 직원 중에서 1등을 했다는 사실보다 일에 대한 의미를 찾고자 했던 노력의 결과가 있어 행복했다. 왕성한 독서력 덕분에 나는 기획력이 탁월하다는 평가를 받았다. 업무지시를 받게 되면 다른 불필요한 절차 없이 나는 바로 문서로 기획을 할 수 있었다. 그러다 보니 상사들이 내게 일을 시키길 좋아했고, 다른 사람들의 일도 도와 줄 기회도 많아 자연스럽게 직장 동료들과도 좋은 관계를 유지할 수도 있었다.

필자가 제안 왕이 된 덕택에 우리 본부도 전체 1등을 하여 상금을 받아 회식을 하는데 누가 좋아하지 않겠는가? 나는 독서를 통해 내가 가진 능력 이상으로 회사와 사람들에게 대접 받았다는 것을 지금도 감사하고 있고, 그분들과의 인연이 지금까지 이어지고 있음에도 행복해한다.

만일 그 당시 내가 자기를 혁신하는 실천독서를 하지 않았다면 어떻게 제안 왕에 오를 수 있으며, 회사개혁에 대해 감히 창업주 2세에게 보낼 수 있었겠으며, 상사들로부터 아이디어가 많고 기획을 잘하는 직원으로 평가받을 수 있었겠는가? 또한 어떤 고객이 지금 내게 '자기혁신 실천독서법'이나 '변화혁신' '셀프리더십'에 대해 강의를 해달라고 요청하겠는가? 살아갈수록 더욱 원인 없는 결과는 없다는 지혜를 배우게 된다. 오늘도 나는 부족한 나를 지금의 나로 이끌어준 책에 대해 무한한 고마움을 느끼고 그 세계에 계속해서 빠져들게 된다.

책을 통해 아이디어를 얻고자 하거나 생각하고 싶다면 책을 읽을 때 속도에 압박을 받지 않는 독서방법이 좋다. 그래야만이 아이디어가 꼬리에 꼬리를 물고 문제해결의 실마리를 찾게 해주기 때문이다. 치열하게 경쟁하는 사회생활을 하는 사람이라면 시간을 쪼개 책을 읽는데 속도에 압박을 받는 것이 어쩌면 당연한 일이다.

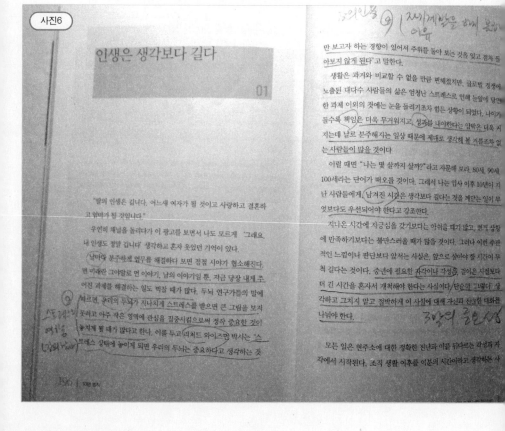

사진6

우리는 시간관리와 효용성에 너무 길들여져 있다. 그러나 경험에 의하면 속도에 압박받기 시작하면 책을 읽는다 하더라도 효용은 급격하게 줄어든다. 책을 읽는 이유가 무엇인지 질문해보라. 책 한권을 읽었다는 만족감인가? 아니면 책을 읽는 목적을 찾거나 작가와 나누는 교감인가? 책을 끝까지 읽었음에도 불구하고 교감이나 남는 것이 없다면 왜 책을 끝까지 읽어야 할까? 그런 측면에서 볼 때 자신이 원해서 시작한 것이 때론 남들에게 보여주기 위한 것으로 끝나기도 하는 것이 독서의 해악이다.

사진 6은 필자의 저서 『민도식의 자기경영 콘서트』를 기획할 때 고민의 일부분을 해결한 부분이다. 가족단위 여름휴가 때 남해상주해수욕장 솔밭에서 사람들의 핀잔을 들으며 정리한 내용이다. 좋은 생각은 고민을 통해 꼬리에 꼬리를 물게 되어 있다. 지금 읽고 있는 책에서 고민할 가치가 있는 내용이나 기획과 관련된 아이디어가 있다면 도식화하는 작업에 빠져보라. 그 성과에 스스로도 놀랄 날이 곧 올 것이다.

5. 아이디어는 무조건 적어라

어느 날이었다. 가족들의 눈치를 보면서 베란다에서 담배를 피우다가 문득 좋은 아이디어가 떠올랐다. 아이디어를 적기 위해 바쁘게 메모지를 찾으러가는 도중에 갑자기 아들이 '아빠'하고 부르는 소리가 들렸다. 이런 저런 대답을 해주고 돌아와 아이디어를 적으려니 머릿속에 떠오른 생각은 어디론가 사라지고 없었다. 그때 아들을 원망한다고 해서 뾰족한 방법이 생길까? 그날 이후 담배 피는 곳에 메모지와 볼펜을 비치해 놓았다.

아이디어의 생명은 타이밍이다. 적어두지 않으면 곧 달아나 버리는 것이 아이디어의 속성이다. 그래서 아이디어가 많은 사람들은 늘 메모지를 행동반경 곳곳에 배치한다. 메모지가 없어 아이디어를 날려본 경험은 사람을 미치게 한다.

좋은 아이디어는 주로 편안한 상태에서 나오는 경우가 많다. 화장실, 목욕탕, 등산 등에서 아이디어가 많이 나오는 이유는 신체적인 이완 이후 정신적인 활성화도 따라오기 때문이다. 만약 한권의 책에서 살아가는데 필요한 하나의 아이디어만 얻는다면 그것만으로도 책을 읽을 가치는 충분할 것이다.

사진 7은 필자의 저서 『민도식의 자기경영 콘서트』를 기획할 때 소제목이나 소제목 다음에 들어갈 자기경영 전략에 대해 독서 중에 아이디어가 생각나 적어둔 것이다. 이것 중 많은 것들이 책에 포함되었다.

내게 가장 많은 아이디어 창고는 등산이다. 나는 혼자 등산을

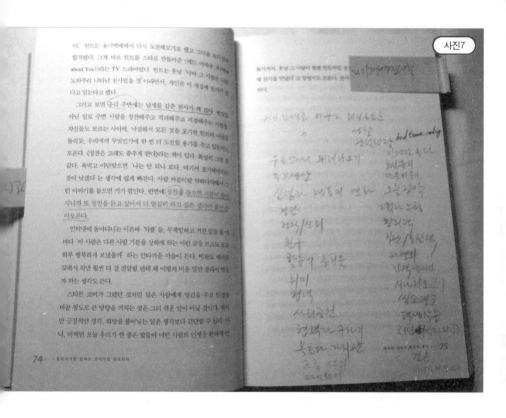

사진7

가는 것을 좋아한다. 땀을 흠뻑 흘린 후 느껴지는 상쾌함과 이완
은 사고의 흐름을 원활하게 한다는 것을 경험으로 알기 때문이다.
그렇기 때문에 등산 가방에는 따로 메모를 하는 노트가 있다. 정
상에 오르면 땀을 닦고 호흡이 정상이 되면 가방에서 자연스럽게
아이디어노트와 볼펜을 꺼내들고 생각을 정리한다.

내게 가장 좋은 시간은 육체적인 한계를 경험한 이후 30분~1시
간 사이다. 이때 그동안 읽었던 책에서 느낀 감상이나 강의 중에
풀리지 않는 프로세스, 사보 등의 기고 원고 등에 대한 아이디어가

샘솟듯 나온다. 그래서 나는 다른 사람의 시선은 아랑곳하지 않고 노트를 꺼내 정신없이 생각나는 것들을 적는다. 그 기록들은 새로운 강의 PT가 되거나 준비하는 책의 뼈대가 되는 것은 물론이다.

사람들은 주로 등산을 같이 가는데 내가 혼자 등산을 가는 이유가 있다. 건강관리뿐만 아니라 아이디어를 정리하기 위해 등산을 갔을 때 혹여 아는 사람을 만나는 것이 가장 고역이다. 사색을 할 때 말을 하는 것은 정신적 활동에 독약이 된다. 모처럼 정신적인 활성화 여건을 만들어놓았는데 다른 사람과의 몇 마디 대화로 물거품이 되기 때문이다.

같은 산을 1주일에 한번 꼴로 오르다 보니 아는 사람도 생긴다. 그러면 어쩔 수 없이 과일과 점심밥도 나눠먹게 되고 다른 사람의 이야기를 들어주기도 한다. 그렇게 몇 번의 경험을 하고 나니 집에 돌아올 때 참 씁쓸함을 느꼈다. 등산의 목적이 빗나갔기 때문이다. 육체적인 웰빙은 달성했다곤 하나 정신적인 웰빙을 달성하지 못해 심한 허무감이 들었다. 그래서 나는 그 이후부터 아는 사람을 최대한 만나지 않을 조건대의 시간에 맞춰 등산을 하게 되었다.

사람마다 아이디어를 생산하는 공간이 다르다. 자신만이 아이디어가 언제 가장 잘 생성되는지를 아는 것이 그래서 중요하다. 독서하는 사람이라면 누구나 독서를 한 것에 대해 발전시키고자 하는 욕구를 갖는다. 나 또한 그러하다. 필자가 주력으로 하는 강의종목은 지속적인 자기계발을 하지 않으면 강사로서의 생명력이 짧은 과목이다. 그래서 끊임없이 변화환경에 맞는 강의 프로세스를 만들어야 한다. 나아가 눈앞에 닥친 현상을 슬기롭게 극복할 수 있도록 통찰을 고객과 나누어야 한다. 그러한 노력이 고객에게 자극과 성찰의 기회로 연결되어 고객의 일상이 행복하게 된다면 이는 곧 강사로서의 사명을 완수하고 업에 대한 의미를 찾는 것이다.

그런 측면에서 나에게 1주일에 한번 하는 등산은 지속된 학습을 지혜로 연결시켜주는 아주 중요한 매개이다. 필자가 개발하는 대부분의 강의안은 이 과정에서 개발되었고, 창작 아이디어 또한 이 과정에서 얻는 것이 많기에 나는 등산과 함께 하는 사색을 가장 좋아할 수밖에 없다.

한편 등산에서의 사색은 비교적 긴 시간을 몰입해서 할 수 있다는 점에서 아이디어를 생산하는데 좋은 역할을 한다. 의식과 무의식의 세계에 더 깊이 다가갈 수 있기 때문이다. 이 과정에는 새롭게 추가되는 아이디어도 있고, 기존의 것을 보완하는 것이 주기적으로 반복되는 경우도 있다. 계절의 변화에 따라 접하는 자연은 늘 신비로움이기에 그에 맞춰 내 정신도 옷을 갈아입게 되는 것은 자연과의 교감이 주는 혜택이다.

간혹 등산을 할 때 아이디어를 적는데 어려움을 겪는 경우도 있다. 비가 올 때가 그렇다. 그런 날은 메모지를 가지고 가지 않고 빈 백지 2~3장을 접어서 가지고 간다. 그리곤 비를 맞으며 볼펜으로 아이디어를 메모한다. 볼펜이 빗물에 가장 적게 번지기 때문이다. 이런 때는 집에 와서 다시 다른 곳에 적어야 하는 불편함이 있기는 하지만 비 오는 산에서 멈춰 서서 아이디어를 적는 것은 또 다른 묘미가 된다. 지나가는 사람들이 이상한 눈으로 쳐다보더라도 무슨 상관이랴! 그래서 나는 오늘도 아이디어 적는 것에 몰입한다. 적은 아이디어를 두 번 다시 보지 않는다 하더라도 우리의 뇌는 적는 연습만으로도 충분히 활성화됨을 알기 때문이다.

아이디어를 적는 연습은 인간관계를 하는데도 좋은 역할을 한다. 만약 여러분에게 인생에서 도움이 될 만한 멘토를 만났다고 하자. A라는 사람은 묵묵히 멘토의 말을 귀 기울여 듣고 있다. B는 멘토의 말에 귀를 기울이면서 궁금한 사항을 질문하면서 대화를 나눈다. C는 메모지를 꺼내 멘토의 말 중 핵심사항을 적으면서 궁금한 사항에 대해 본질적인 질문을 하고, 느낌이나 아이디어를 적으면서 대화를 나눈다.

당신이 멘토라면 어떤 사람을 당신의 멘티로 선택할 것인가? C의 경우가 선택될 가능성이 90% 이상일 것이다. 나는 다른 사람과 대화를 나눌 때 항상 메모할 준비를 한다. 어떤 사람의 대화 속에서도 내가 배울 것은 항상 있으며, 메모할 사항은 발생되기 때문이다.

사회적으로 지명도가 높은 어떤 분이 어느 날 메모하고 있는 내게 그 습관으로 계속 발전할 것이라고 말해준 적이 있다. 여러분도 회의 때만 노트를 꺼내 적지 말고 항상 다른 사람과의 대화에서 메모하는 습관을 들여 보라. 더 좋은 인연을 만날 것이다. 식사 자리에서도 괜찮고, 술자리에서도 괜찮고, 대중교통을 이용할 때도 좋다. 세상에 실천을 통해 배우는 것만큼 더 좋은 스승은 없다.

6. 자신만의 북 리뷰 습관을 만들어라

책을 읽고 남는 것이 없다고 말하는 사람들이 의외로 많다. 책을 읽고 나서 생각나는 것이 없다는 것은 게으름의 다른 표현이거나 현재 책을 읽고 있는 방법이 생산적이기 못하기 때문인 경우가 대부분이다. 이는 더 좋은 책읽기 방법이 있음에도 불구하고 그것을 활용하지 못했기 때문이다.

자신만의 간단한 리뷰 습관만 가지더라도 얼마든지 좋은 성과를 낼 수 있다. 북 리뷰 습관을 갖는 것은 문서를 작성하거나 프로젝트 기획을 하는데 도움이 될 뿐만 아니라 발표나 연설을 해야 한다면 그 활용도는 더욱 증대된다. 책을 읽는 사람이라면 누구나 북 리뷰 습관을 가질 수 있다. 학교를 다니면서 독후감을 적어보지 않은 사람은 없을 것이기 때문이다.

강의를 할 때나 평소에 독서경력에 대해 사람들로부터 질문을 많이 받는다. 주된 질문을 이런 것들이다.

"일 년에 책을 몇 권 정도 읽는가?"

"지금까지 몇 권 정도의 책을 읽었는가?"

"책을 어릴 때부터 좋아했는가?"

그런 질문을 받을 때면 사람들이 선입관을 얼마나 중요하게 여기는가를 알게 된다. 나는 모범적인 독서이력을 쌓은 사람이 아니다. 개인의 삶에서 정상적인 경로를 밟아 성장하면 좋겠지만 정상적이지 않더라도 얼마든지 노력으로 그 이상의 성과를 얻을 수 있다. 스탠다드한 삶에 나는 매력을 느끼지 못한다. 하지만 불규

칙하고 울퉁불퉁한 삶을 통해서 남들과 다른 것들을 배울 수 있다. 그런 면에서 인생은 공평하다.

링컨은 정규교육을 제대로 받지 않았지만 독학으로 변호사와 대통령이 되었고, 김대중 전 대통령 역시 고졸 학력이었지만 다독을 통해 지식을 쌓아 경제전문가들을 놀라게 하곤 했다.

나 또한 어릴 시절 책과는 담을 쌓은 사람이었다. 그러다 대학 입학 후 한 동안 책에 빠져 들었지만 대학중퇴를 하면서 오래 지속하지 못했다. 그 후 군대를 갔다 와서 신문기자 공부한다고 책을 읽을 생각조차 못했다.(이 기간에는 책은 거의 읽지 못했지만 습작과 일기쓰기는 비교적 지속되었다.) 결국 30살이 다 되어 갈 무렵 직장에 입사하고부터 죽어라고 책을 읽었다. 나는 현재도 어린 시절 제대로 독서를 하지 못했다는 정신적 결핍감에 아들과 딸 방에 가서 시간이 날 때마다 청소년용 명작들을 수시로 읽곤 한다.

한동안 이런 저런 방식을 개발하면서 책을 읽다가 어느 날 책을 읽고 책꽂이에 그냥 둔다는 것이 아쉽다는 생각이 들었다. 그래서 회사 사보에 독후감을 기고하기도 했고, 습작노트를 정리해서 시집을 몇 권내기도 했다. 하지만 독서이력이 더해질수록 그것만으로는 아쉬움이 채워지지 않았다. 그래서 시작한 것이 읽은 책 중 느낌이 좋은 책을 선별해서 나름대로 정리해 다른 사람과 나누는 것이었다.

그렇게 결심을 하고 생각을 행동으로 옮겼다. 맨 처음 시도했던 작업이 '민도식의 책으로 여는 세상' 코너였다. 돌아보면 부족한 점이 많았지만 그 당시 상황에서는 작업을 위해 주말에 도서관에서 꽤 시간을 투자한 것으로 기억된다. 다행스럽게도 그것을 받아본 독자들의 반응이 괜찮았다. 부족한 것들도 다른 사람의 칭찬을 받게 되면 더 잘하고 싶은 것이 사람의 마음이다. 거기서 힘을 얻어 좀 더 발전시킨 것이 '민도식의 창조적 책읽기' 코너였다. 좀 더 노력이 필요했고, 노력만큼 사람들의 반응도 좋았다. 몇 명은 마니아라고 이야기해 주었고, 어떤 작가가 지은 독서 책에는 '독서 서머리 우수사례'로도 추천이 되기도 했다.

그렇게 6년을 1달에 한번 꼴로 작업을 해오던 어느 날 독서방법에 대한 강의 의뢰를 받게 되었다. 문득 자기계발 전문가 브라이언 트레이시의 책에서 발견한 구절이 생각났다.

"하루에 1시간씩 시간을 내어 3년을 계속하면 주변 사람들이 당신을 책 전문가라고 말할 것이요, 5년을 계속하면 그 나라에서 유명한 책 전문가가 될 것이요, 7년을 계속하면 세계적으로 유명한 독서 전문가가 될 것이다."

그의 말에 근접하는 성과는 아니지만 가시적인 성과가 난 것만은 분명했다. 만약 필자가 어린 시절 독서하지 못한 습관을 빌미로 스스로 책을 멀리했거나, 독서한 내용을 나누려는 좋은 의도를 가지지 않았다면 강의 의뢰라는 기회를 잡지는 못했을 것이기 때문이다.

나는 때론 좋은 의도로 하는 것을 상업적인 것으로 오해하는 사람도 있었지만 개의치 않았다. 원칙이 분명하다면 스쳐가는 바람에 일일이 반응하는 것은 지혜롭지 못한 방식임을 체험했기에 그랬다.

다음은 연재한 것 중의 일부이다.

| 민도식의 자기를 혁신하는 실천독서법(샘플) |

제목 : 미래를 읽는 기술(피터 슈워츠)

1. 들어가며

이제 변화관리는 지금의 생활을 위해서일 뿐만 아니라, 미래를 위해서 나아가 가족의 미래를 위해서도 아주 중요한 문제가 되었다. 체세포 연구의 결실은 인간의 수명연장을 가져와 우리가 예상했던 것보다 더 오랜 시간을 경제활동을 해야 할지도 모르기 때문이다.

(중략)

나 또한 변화흐름 이해, 통찰력 갖기, 실천하기란 주제로 늘 고민하며 연구하지만 고객이 원하는 만큼의 아웃풋을 주는가는 의문이다. 하지만 매일 노력하고 있다는 것으로 고객들에게 미안함을 대신하고 나 자신에게 동기를 부여해본다.

2. 저자소개

3. 이 책을 읽기 전에

이 책은 솔직히 그렇게 쉬운 책은 아니다. 페이지 수에서 보듯이 조금은 인내력을 가지고 책을 대해야 할 것이다. 그렇지만 조금 몰입하고 나면 글자 크기도 알맞고 내용이 신선하기 때문에 제법 빠질 수 있는 책이다. 아웃풋을 많이 내고자 한다면 조금 골머리를 썩여야 할지도 모른다.

4. 이 책의 구성 및 리뷰

5. 중요내용 요약 및 재해석

오늘날 기술 분야의 선봉에 선 한국경제 속에서 나는 무궁무진한 혁신의 가능성을 발견한다. 한국의 미래는 선택과 집중에 달려 있다. 경제성장의 원동력이 될 수 있는 신기술을 선택해 총력을 기울여야 한다. 중국에서 현재 벌어지고 있는 일들은 분명 한국의 미래에 핵심적인 요소 중 하나로 작용할 것이다.

시나리오가 미래를 예측하는 유용한 수단이 되기 위해서는 당신 자신의 것이 되어야 하며, 그러기 위해서는 그에 상응한 변화관리 안테나와 노력이 배가되어야 한다.

(중략)

시나리오의 핵심은 현실이 될지도 모르는 모든 미래에 대처할 수 있는 전략적 결정들을 내리는 것이다. 시나리오를 정말로 진중하게 받아들인다면 어떤 미래가 다가오더라도 완벽한 준비가 되어 있을 것이기에 그 안에서 주도권을 쥐고 자신감 있게 행동할 수 있을 것이다.

미래에 결정적으로 작용하게 될 양상을 인지하는 법을 익히지 못하면, 우리의 생활뿐만 아니라 영혼 자체가 위험에 처하게 될 것이다. 시나리오 기법은 이런 점에서 유용하다.

한국의 앞날에는 여전히 크나큰 불확실성이 놓여 있다. 신기술이 굉장한 잠재력을 창출해 낼 것이란 사실에는 의심의 여지가 없다. 하지만 신기술의 어느 부분에 그 노력을 쏟아 부어야 할지에 관해 한국은 현명한 선택을 해야만 한다. 한국은 신기술을 모조리 섭렵할 수 있을 정도로 큰 나라가 아니다.

6. 마치며

한권의 책을 제대로 전달하는 것은 쉬운 작업이 아니다.
이 책이 그렇다. 왜냐면 전체적으로 요약하기에는 책 내용은 물론이거니와 행간에 묻어나는 저자의 통찰력, 그리고 세부적인 내용들의 연결성 등이 너무 광범위하기 때문이다.
그러므로 변화의 실행에 관심을 갖는 분이라면 꼭 구입해서 일독하기를 당부한다. 평소에 변화의 대안모색에 고민했던 분이라면 많은 것을 얻을 수 있으리라 여기기 때문이다.

독서에 관한 강의를 준비하다 보니 참 부족한 것이 많다는 것을 느꼈다. 그래서 좀 더 전문적으로 연구할 필요가 있음을 절감하고 독서관련 책을 수십 권 읽으면서 '자기를 혁신하는 실천독서법'이란 프로그램을 만들었다. 프로그램을 만들고 나니 기대 이상으로 여러 곳에서 강의 의뢰가 왔다. 그만큼 목마름이 많았던 분야이기 때문일 것이다.

강의의 매력은 교학상장(배우고 가르치면서 배움)이다. 이런 점 때문에 피터 드러커는 일찍이 '어떤 분야에 제대로 아는지를 알기 위해서는 가르쳐 보라'라고 말했다.

강의를 하면서도 수없이 많은 시행착오를 겪었다. 그럴 때마다 좀 더 좋은 방법이 있을 텐데 하고 고민했다. 그래서 선택한 것이 더 좋은 강의를 위해 독서에 관한 책을 적어야겠다는 용기를 내어 원고를 적고 있다. 원고를 적으면서 또 깨닫는다. 아직도 부족한 것이 많다는 것을. 다행인 것은 필자의 이런 자괴감과는 달리 여러 회사와 공공단체에서 우수프로그램으로 선정되어 출강요청이 계속된다는데 무한한 책임감을 느끼게 된다.

필자가 주로 북 리뷰를 위해 사전에 준비하는 방식은 세 가지다.

첫 번째는 사진8에 나와 있듯이 책 맨 뒤쪽 여백에 책을 읽으면서 느낀 소감들을 읽는 중간 중간에 정리한다. 다 읽은 후 적으려고 하면 연속성이 없어 책에서 느낀 점들을 이미 반쯤 잊어서 제대로 적을 수가 없음을 경험으로 배웠기 때문이다.

두 번째는 책을 읽으면서 차례와 비교하며 핵심 키워드를 도식

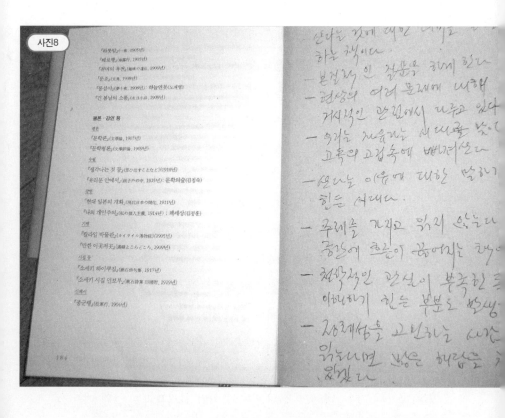

사진8

화하는 작업이다. 핵심키워드는 주로 서문에 포함되어 있는 경우
가 많다. 그래서 서문과 차례는 항상 꼼꼼하게 읽고 책 읽는 과정
에 수없이 많이 반복해서 보게 된다. 그렇게 읽고 나면 어떤 책이
라 하더라도 핵심 키워드가 선명하게 남게 된다. 물론 기억은 한
계가 있어 오랜 시간이 흐르면 잊게 되지만 6개월 정도는 뚜렷하
게 상(像)이 남아 있다.

세 번째는 인용구는 표시해두고 생각의 확장연습을 하는 것이
다. 명언집이나 압축해놓은 요약본 등을 선호하는 독자가 많다.

나 또한 그런 책들을 수도 없이 사서 보았다. 그렇지만 삶에서 활용이 되는가는 별개의 문제다. 만일 하나의 주제로 칼럼을 쓴다고 가정할 때 그 명언집을 찾아 활용할 수 있을까? 마땅한 구절을 찾느라 엄청난 시간을 보낼 것이다.

평소 책을 읽을 때 인용구를 표시해두는 연습을 하면 여러 모로 쓰임새가 높다. 주의할 것은 인용구에 줄만 쳐놓아서는 활용이 되지 않는다는 점이다. 필요할 때 일일이 읽어보지 않는 한 무엇 때문에 줄을 쳐 놓았는지 알 수가 없다. 따라서 인용을 위해 줄 표시를 해두었다면 항상 그 구절 옆에『 』표시를 하고 왜 줄을 그었는지 핵심 단어를 적어놓아야 한다.

자기계발, 리더십, 코칭, 인간관계 등 자신이 줄을 그은 이유를 적어두면 훨씬 찾기도 쉽고 활용도도 높아진다. 이런 노력은 나중에 책을 정리하고자 할 때 아주 쉽게 한다. 오랜 시간이 흐르더라도 작가와 나눈 감상들이 오롯이 남기 때문이다.

이 세 가지 방식만 제대로 활용한다면 한권의 책을 읽고 책을 읽은 느낌을 정리하려고 하면 아마 A4 용지 10장 정도로는 부족할 것이다. 여기에 더해 인용구를 표시하면서 자신의 생각을 3~5줄 정도 적는 연습을 계속한다면 글을 적는 실력이 놀랍게 향상될 것이다.

좋은 책을 내는 작가들은 그런 연습이 아주 잘 되어있다는 것을 나는 한참 지나서야 알았다. 그런 측면에서 본다면 필자가 지금껏 읽은 책들이 지혜와 글감의 보고 역할을 하여 앞으로 책을 지속적으로 내는 작가가 될 것이라 믿는다.

사진 8은 필자가 사전에 북 리뷰를 위해 준비하는 첫 번째 방법의 샘플이다.

알고 있던 분에게 몇 년 만에 전화를 걸었다.

"보내 주시는 좋은 글 잘 읽고 있습니다."

"……."

나는 독서 서머리나 느낌을 적어 보내던 메일을 중단한지 1년 반이 넘었다는 것을 알기에 그 말이 낯설게 느껴졌다. 그렇지만 내가 낯설게 느꼈을 뿐 상대방은 내게 좋은 글을 보내 주는 사람이란 것을 항상 기억하고 있다는 점이다.

내가 주기적으로 보내던 글을 중단하게 된 것은 정보홍수에 같이 배를 타기 싫었기 때문이었을 것이다. 내가 받아보는 수많은 메일을 나 역시 읽지 못하기에 혹여 내 글이 다수에게 정보공해가 될까 중지한 것이지만 언젠가 또 다른 방식으로 그분들과 만남이 있을 것임을 기대한다. 하지만 희소가치가 없는 통찰을 주지 못하는 것으로 내 시간과 고객의 시간을 낭비하게 하는 행위는 단호히 제어하고자 한다.

7. 목적과 주제를 가지고 책을 읽어라

원고를 정리하고 있는데 한통의 전화를 받았다. 독서포럼 회원 중 한 사람이 건 전화였다.

"이번 달 선정된 도서는 어떻게 읽는 것이 좋습니까?"

"왜 그러신지요?"

"갈수록 이해가 되지 않습니다."

"주제나 고민 또는 목적을 가지고 접근해보시지요!"

"어떤 의미인지요?"

그 후 20분 간 나는 열심히 설명을 했고, 그는 고맙다는 인사를 하고 전화를 끊었다.

사실 내가 그 책을 읽은 지는 보름이 지났다. 그런데 어떻게 그 책의 핵심에 대해서는 뚜렷이 기억하고 설명을 해줄 수 있었을까? 그 사이 몇 권의 책을 더 읽었는데 말이다. 머리가 좋아서도 아니고, 독특한 구조를 가져서도 더욱 아니다. 그럴 수 있는 이유는 책을 구입하는 단계부터 목적적으로 구입을 했기 때문이다. 그러다 보니 책을 읽을 때도 목적과 주제에 대해 생각을 하면서 책을 대하게 된다. 그런 태도는 책을 읽는 기간 내내 그 주제와 관련된 사색을 하게 된다. 나아가 그 주제에 대한 이해가 미흡하면 추가로 그 주제와 비슷한 책을 사거나 서재에서 찾아 읽게 된다. 그런 방식으로 책을 읽게 되면 책을 읽는 목적과 결합되어 자연스레 머릿속에 도식화가 이루어지게 된다. 이런 방식은 다른 사람과 책에 대해 대화를 나눌 때에도 여러 각도에서 접근할 수 있는 내공을 갖게 된다.

사진 9는 이런 방식으로 핵심내용을 도식화한 것이다.

목적 없이 책을 읽는 사람들이 의외로 많다는 것을 자주 느낀다. 분명히 책을 읽었다고 하면서도 책에 대해 질문을 하게 되면 아는 것이 없다고 고개를 흔든다. 왜 이런 일이 발생하는가? 자율적 독서나 목적적 독서보다는 타율적이고 수단적인 독서를 한 경우이기 때문이다. 그런 방식으로 독서를 계속할 경우 다른 사람에게 휘둘

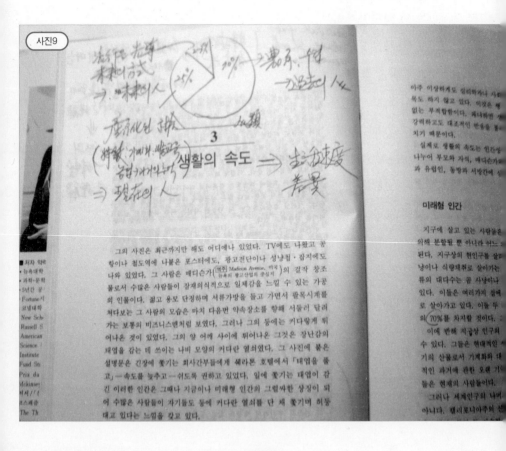

사진9

리는 독서를 하게 되거나 베스트셀러 주변을 벗어나지 못할 가능성이 많다. 이런 독서방식에 길들여지면 독서를 한만큼 성과가 나지 않아 독서를 멀리하게 되거나 독서무용론을 주장할 가능성이 높다.

그런 측면으로 볼 때 다른 사람이 일방적으로 추천한 도서를 찾지 말고 자신이 원하는 목적에 맞게 책을 찾아서 읽는 연습을 하는 것이 무엇보다 중요하다. 목적을 가진 독서는 집중적인 독서를 가능하게 하고, 한 분야에 대해 깊이 있게 연구를 하게 한다.

수많은 책을 읽었음에도 불구하고 성과가 없다고 여겨지거나 전문성을 찾지 못했다면 먼저 자신에게 '왜 책을 읽는가?'라고 질문해야 한다. 또한 독서에 취미가 없다고 말하면서 책을 멀리하는 사람들도 자신에게 질문을 해보아야 한다.

"나는 책을 정말로 싫어하는가? 아니면 책을 읽어야 할 목적이나 주제를 찾지 못한 것인가?"

목적적 책읽기를 하게 되면 가끔 저자와 생각의 충돌을 일으키는 경우가 생긴다. 그럴 경우 저자에겐 다소 건방지게 보일지 모르지만 과감히 X표를 하라. 저자가 나를 보고 있지는 않으니 걱정하지 않아도 된다. 저자와 생각이 같지 않다면 저자의 주장에 때론 거부하는 용기도 필요하다. 이것이 곧 적극적 책읽기다.

근묵자흑이란 말이 있다. 나쁜 친구를 만나면 나쁜 행동을 할 가능성이 많음을 경계하는 말이다. 책 또한 마찬가지다. 양서라면 덜하겠지만 악서를 대하면서 작가의 생각을 따라가는 것은 극히 위험하다. 가치관에 심각한 영향을 줄 수도 있기 때문이다. 때론 독단적이고 편협할 지라도 적극적인 책읽기는 자신을 발전시킨다. 그런 적극적 과정은 독서의 이력이 더해짐에 따라 다시 깨우침을 줄 수 있기 때문이다.

스티븐 코비가 말한 '지식의 원을 채울수록 무지의 접점이 늘어난다'는 이론은 행동을 통해 배우는 것이 가장 좋다는 뜻이다. 현명한 독자가 되고자 한다면 수동적 책읽기는 작가의 생각에 빠져드는 나쁜 영향을 초래할 수도 있음을 늘 경계해야 한다.

목적적 책읽기를 하지 않을 경우 저자의 생각에 빨려들기 쉽다. 이럴 경우 저자의 주장을 아주 믿고 실행력을 가지고 지속적으로 행동해본다면 다행이지만, 그렇지 않고 머리에서 이론으로 저자의 주장을 차곡차곡 쌓아두면 어느 날 책을 읽다가 '그저 그런 내용이네' '이제 자기계발 책은 질렸어' '그 소리가 그 소리인 걸 뭘' 하고 말하게 되는 사람이 될지도 모른다. 그런 때가 되면 책을 집어던지고 '그렇게 뻔한 이야기 중에 실천한 것이 얼마나 되는지 돌아보라!' 때론 안다는 것이 오히려 행동에 장애가 된다는 것을 발견하게 될 것이다.

독서로 인해 단념하는 것이 늘어나고, 지레 짐작해서 해보지도 않고 재단하는 것이 늘어간다면 그것은 목적적 책읽기를 하지 않아서이다. 한권을 읽더라도 제대로 주제를 가지고 읽을 때 우리는 책속에서 훨씬 성숙한 자신을 발견할 수 있게 된다.

나는 지속적으로 목적적인 독서를 하려고 노력한다. 사람들은 누구나 처한 환경에 따라 나이에 따라 주된 관심사가 변하기 마련이다. 결혼을 하면 부부관계의 어려움에 대해 고민하고, 아이들을 기를 때는 훌륭한 부모에 대해 고민하고, 상사가 되면 더 나은 리더십에 대해 고민한다. 이럴 때 목적적 독서는 도움이 될 것이다. 고민하는 키워드에 대해서 하나 둘 접근한다면 고민이나 갈등을 해소할 수 있는 답을 의외로 쉽게 찾아낼 수 있다. 해당 키워드에 대해 몇 권의 책만 읽더라도 혼란스러운 상황을 넘어 발전적인 대안을 찾을 수 있고, 발전적 대안을 실행해 봄으로써 자신이 원하는 곳으로 나아갈 수 있다.

요즘 물질문명의 발전에 따른 정신적 빈곤이나 상대적 박탈감에서 행복의 균형을 이룰 수 있는 방법들에 대해 고민을 하고 있다. 고민을 갖게 되면 고민으로 끝나는 것이 아니라 보여지는 모든 사물에 대해 고민의 답을 찾으려는 노력이 시작된다. 예를 들어 정체성과 관련된 고민을 하고 있다면 재일동포 강상중 교수가 적은 『고민하는 힘』을 통해 수동적인 탄생, 종교의 자유 보장, 평등이 보장된 사회 등으로 우리의 고민은 증가하고, 그것을 해결하기 위해서는 자신이 어떤 노력을 해야 하는가에 대해 자신만의 답을 찾을 수 있는 것이다.

8. 30분 내에 볼 수 있도록 정리하라

책을 읽는 사람들이 가장 힘들어하는 부분 중의 하나가 책을 읽고 돌아서면 금세 잊어버린다는 점이다.

교육학자들의 연구에 따르면 사람들이 강의를 듣고 나서 강의장 문을 열고 나갈 때 70%를 잊어버리고, 적은 내용을 다시 보는 경우는 5%에 그치며, 배운 내용을 신념과 행동의 변화에 연결시키는 사람은 0.5%에 불과하다고 한다. 이런 측면에서 본다면 책을 읽고 금세 잊어버리는 것에 대해 지나치게 과민반응을 보일 필요가 없다는 생각이 든다. 오히려 잊어버리지 않고 오랫동안 머릿속에 남기려면 어떻게 해야 할까를 고민하는 것이 훨씬 현명할 것이다.

만약 한번 읽은 책을 다시 읽는 경우라면 책과 특별한 인연이 있는 것이다. 두 번 이상 읽은 책이라면 자신에게 특별한 의미를 주기 때문일 것이다. 그런 책은 자신의 가치관 형성에 지대한 영향을 미친 책일 가능성이 높다. 이런 책들은 자신이 오랫동안 고민해왔던 본질에 대해 여러 각도에서 풀어주는 부류의 책이다.

나의 경우 데일카네기, 엔서니라빈스, 오그만디노, 나폴레옹힐, 스캇 펙, 엘리자베스 퀴블러 로스, 빅터 프랭클, 웨인 W. 다이어, 존 맥스웰, 알랭 드 보통, 게리 헤멀, 찰스 핸디, 앨빈 토플러, 피터 드러커, 톰 피터스, 구본형 등의 저서가 오랫동안 사랑받는 책들이다.

두 번 이상 읽히는 책들은 읽으면 읽을수록 지혜를 높여주거나 성찰의 기회를 주는 부류의 책이다. 사기나 논어, 채근담, 금강경, 탈무드, 인생독본, 월든, 삼국지, 대망, 영웅전, 일리아드 오디세이아, 군주론이나 플라톤, 세익스피어, 톨스토이, 쇼펜하우어, 라로슈푸코, 랄프왈도 에머슨, 그라시안, 루소, 칸트, 아마렐리우스 등의 책이 이에 속한다고 할 것이다. 책을 좋아하는 사람들이 자주 고전에 대해 언급을 하는 것 또한 이런 이유 때문일 것이다.

하지만 아무리 책을 좋아하는 사람이라 하더라도 자신이 읽은 책들 중에 다시 읽게 되는 경우는 5%도 되지 않을 것이다. 그런 의미에서 우리가 읽는 책의 95%는 평생 한번 읽고 마는 것이라 말해도 좋다.

주변을 둘러보면 다시 사용하지도 않을 것을 언젠가는 활용을 할 것이라고 서랍에 넣어둔 것이 얼마나 많은가? 책 또한 이와 다르지 않다. 활용도 되지 않을 책을 책꽂이에 두는 것은 장식용이자 이삿짐을 늘리는 결과를 낳는다. 책을 읽고 활용이 되지 않는다고 고민하거나 남는 것이 없다고 한번이라도 고민한 경험이 있는 독자라면 지금 읽고 있는 책은 다시 읽을 수 없다는 가정 하에서 읽어야 한다. 한번 밖에 없는 기회를 제대로 활용하기 위해서는 자신만의 흔적을 남기는 다양한 노력을 해야 한다. 집중해서 열공해야 한다.

참고로 여기에 언급된 10가지 방법만 제대로 활용하더라도 한번 읽은 책은 30분 내에 볼 수 있도록 정리가 되게 되어 있다. 자신만의 방법으로 잘 정리된 책은 10년 후에 꺼내서 본다하더라도 다시 처음부터 끝까지 읽을 필요가 없다. 필요한 내용을 음미하면서 읽거나, 활용할 것이 있다면 금세 찾아서 활용하면 그만이다.

책을 읽고 나서 남는 것이 없다고 아직도 고민하고 있는 독자라면 지금까지 습관적으로 행하던 책 읽는 방식을 바꿔야 한다. 그래야만이 그런 고민에서 벗어날 수 있을 것이다. 이왕 읽을 것이라면 독하게 마음먹고 1년만이라도 노력을 해 보라. 습관의 힘이 얼마나 대단한지를 실감하게 될 것이다.

2000년 초부터 '민도식의 창조적 책읽기'를 연재할 때 독자들에게 책을 읽고 정리할 수 있는 방법들에 대한 질문을 많이 받았다. 질문을 받고 곰곰이 생각해보았다.

언제부터 책을 읽고 정리하는 습관이 시작된 것일까? 그 시작을 찾아가면 고등학교 시절이 아닌가 한다. 농업계 고등학교는 대학을 보내는 것이 목표가 아니라 영농후계자를 육성하는 것이 목표인 학교다. 그러다보니 대입시험을 치르는데 필요한 과목을 대부분 배우지 않고, 배운다 하더라도 농업계 교과서 일부를 배우는 것이 대부분이었다. 3학년이 되어 대학에 가려고 준비를 하는데 16과목 중 다 배운 과목은 '사회문화' 한 과목뿐이었다. 15과목을 누구의 도움도 받지 않고 독학해서 공부를 해야 했다. 참 무지한 방법이었다.

대학원서를 접수하기를 위해 갔을 때 다른 학교 출신을 만나고서야 그들은 대입을 위해 방학 때 도시에서 단과학원을 다니거나 심지어 휴학까지 하면서 학원을 다녔다는 사실을 알았다. 그 당시 독학을 하던 절박했던 심정들이 나중에 책을 읽고 정리하는데 많은 도움이 되었다. 다른 한 편으로는 책임감도 한몫을 담당했다.

사실 지금이야 실업계 고등학교를 진학해도 대부분 대학교를 가지만 내가 학교를 다닐 때만 하더라도 실업계 고등학교를 졸업하고 대학에 진학하는 인원은 몇 명이 되지 않았다. 우리과 선배들을 보니 기껏해야 한두 명만이 대학에 진학한 실적을 보이고 있었을 뿐이다. 그런 상황에서 우리 반 친구들에게 대학에 가자고 바람만 불어넣어서는 곤란하고, 그들에게 모범을 보여주어야 했다. 그들의 질문이 많았기에 아는 만큼 대답해 주기 위해서는 정리를 잘해야 했다. 이에 그치지 않고 그들이 어떤 대학을 가야 하는지 진학지도까지 내가 다해야 했다. 왜냐면 담임선생님조차 대학에 대한 정보를 나보다 훨씬 적게 알았기 때문이다. 결국 우리 반은 다른 사람들과 선생님들의 생각을 훨씬 뛰어넘어 여러 명이 대학에 진학하는 결과를 낳았다.

또 다른 이유로는 독서를 할 때 두 번 다시 보지 못한다는 생각을 하기 때문에 한번 볼 때 정신을 집중해서 제대로 보고자 하는 열의가 더 많은 것을 남기게 한다. 그것은 마감시간이 되어 초능력을 발휘하는 효과와 같다.

사진 10은 다시 볼 수 없다는 심정으로 책을 이리저리 정리하면서 읽는 샘플이다. 오랜 시간이 흘러 다시 펼쳐보더라도 느낌이 그대로 살아있게 된다.

요즘도 나는 책을 읽을 때 강박증에 시달린다. 한권의 책속에서

더 많은 것을 얻어야 한다는 강박이다. 그래서 여러 가지 방법들을 동원해서 책을 내 것으로 만들려고 노력한다. 돌이켜보면 이런 강박증은 초등학교, 중학교 시절 정상적으로 학교공부를 하지 않아 기본 소양이 부족했던 내가 더 나은 사람이 되기 위해서는 그렇게 할 수 밖에 없는 콤플렉스의 극복과정이라고 말하는 것이 솔직함일 것이다.

나폴레옹이나 모택동에게 작은 키는 많은 문제가 되었다. 그렇지만 그들은 그 문제를 긍정적으로 받아들여 인류 역사에 키 큰 사람이나 보통 키를 가진 사람보다도 더 많은 업적을 남겼다. 나 또한 그렇게 생각한다. 명문고등학교를 나온 사람들이 동문회를 통해 우정과 인맥을 자랑할 때 아는 인맥 하나 없는 내가 할 수 있는 일은 오직 실력으로 승부하는 것 이외에 다른 것은 없다는 것을 일찍이 깨달았다.

나는 책을 읽을 때도 그런 배수진을 치는 마음이 연결되어 똑같은 책을 읽더라도 보통 사람보다는 나은 성과로 이어지는 것이다. 누구든 열정이나 절박함을 생활에 긍정적으로 적용할 수 있다면 더 성장한 자신을 만들 수 있을 것이다. 더 나은 자신을 만드는 데 독서의 나은 방법을 찾는 것은 하나의 주춧돌이 된다.

9 모르는 부분은 끝까지 물고 늘어져라

초등학교와 중학교 시절 방황을 심하게 한 나는 어린 시절 인생에 대한 꿈을 갖지 못했다. 그러다보니 보통 사람들이 학창시절에 응당히 배워야 할 것들을 배우지 못한 채 청소년기를 보내야 했다. 지금도 그 상처는 콤플렉스가 되어 독서에 집착하게 하는 요인이 되는 점을 부인하기 힘들다. 부끄러운 고백이지만 고등학교를 졸업할 때까지 읽은 책이라고는 모 출판사에서 발행된 『사랑의 체험수기』 시리즈가 전부였다.

농업계 고등학교를 다니던 시절 형은 의미 없이 살아가는 내게 많은 질문을 던졌다. 국어사전, 옥편, 한영사전, 영영사전을 동시에 갖다놓고 공부를 하는 것이 형의 공부 방식이었다. 그러다보니 자주 사용하던 단어에 대해 영어와 한자를 묻곤 했다. 돌아보면 참 답답한 노릇이었다. 영어발음기호도 모른 채 고등학교 졸업장이라도 있어야 사람구실을 한다는 부모와 가족의 간곡한 간청을 거부하지 못해 다니고 있는 동생에게 그런 질문을 던지는 의도가 파악되지 않았다. 그때 형이 던진 말 중에는 '대학에 가면 한자를 모르면 학교 다니기 힘들 것이다'란 말도 있었다.

우여곡절을 겪고 대학을 입학한 나는 법학통론을 배우는 첫 시간에 교수님이 칠판에 적는 한자를 이해할 수 없었다. 그때 형이 하던 말이 생각났다. 엎질러진 우유를 보고서 우는 것만큼 어리석은 행동도 없을 것이다. 배수진을 쳤다. 그날부터 국어사전을 옆에 두고 1년 반 동안 일기를 한자로 적는 연습을 했다. 국어사전에는 찾는 단어 뒤에 한자가 병기되어 있다.

그렇게 1년 반이 지난 후 나는 중앙 일간지 사설에 나오는 대부분의 생활한자를 자유자재로 쓸 수 있게 되었다. 그날 이후 지금까지 옥편이 별로 필요치 않은 생활을 해오고 있다. 그런 습관은 늘 나에게 궁금한 사항에 대해 질문하고 찾아보는 습관을 갖게 하였다. 그런 점에서 인터넷의 발전은 나의 궁금증을 쉽게 풀어주어 고맙기 그지없다.

어려운 책은 그냥 넘어가라는 조언하는 독서전문가가 많다. 물론 그래도 된다. 늘 새로운 책에서 반복해서 볼 수도 있기 때문이다. 하지만 한번 어려운 부분을 계속 넘어가면 마음은 편하고 머리는 복잡하지 않아 좋지만 실력향상은 되지 않는다. 특히 경영경제, 전문서적 등은 어려워도 끝까지 물고 늘어져야 실력이 향상된다.

인문계열이나 공대출신들이 경영관련서를 제대로 이해하기 위해서는 지독한 노력이 필요하다. 가장 좋은 방법은 끝장낸다는 심정으로 덤벼드는 것이다. 시간이 얼마간 걸리더라도 물고 늘어져야 한다. 모르는 부분이 있으면 백과사전이나 인터넷을 뒤지면서 배경지식을 넓혀가야 한다. 한두 번만 그런 경험을 쌓으면 유사한 책을 만나게 될 때 이해되는 부분이 많아 독서가 즐거워질 것이다.

실업계 고등학교를 졸업해서 기초가 부족한 내가 직장에 입사해서 관심을 가진 앨빈 토플러, 피터 드러커, 톰 피터스 등이 지은 경영 경제서적들을 읽고서 소화시키는 것은 한마디로 거대한 산이었다. 그래서 생활한자를 정복했던 방법으로 독서에 임했다. 그 방법을 적용해서 많은 성과를 얻을 수 있었음은 물론이다.

이때 실용적인 방법은 모르는 용어가 나오면 여백에 적어두는 것이 좋다. 적어둔 단어의 의미가 읽는 책에 나와 있는 경우는 밑줄을 긋고 계속해서 몇 번 읽어보는 방법이 좋다. 그 과정이 단어와의 친밀도를 높이기 때문이다. 친밀도가 높아지면 다음에 그 단어가 나오면 비록 뜻은 잘 모르더라도 어디에 있는가는 쉽게 알게 된다. 그때 찾아서 의미를 새기는 연습을 계속하면 실력은 향상된다. 그렇지만 전체의 의미만을 이해한 채 수박 겉핥기 식으로 책을 읽어서는 자신이 모르는 분야에 대해 제대로 알 수 있는 방법은 없다. 이보다 더 나은 방법은 모르는 단어에 대해 짧은 글을 적어보는 것이 좋다.

예를 들어 '통섭'이란 단어를 책에서 만났다 하자. 완벽하게 기억하기 위해서는 통섭에 대해 적힌 사설이나 기고문 등을 읽어보는 것이 도움이 된다. 글을 적은 사람마다 통섭을 해석하는 것이 다르기에 책에서 배우지 못한 더 많은 의미를 확장시킬 수가 있다. 그것을 자기 것으로 만들고 싶다면 다른 사람과의 대화에 그 단어를 사용해보거나 자기도 그 주제로 칼럼을 한번 적어보면 완전히 자기 것이 된다. 왜냐하면 자기 글을 적기 위해서는 자기의 사례가 포함되어야 한다. 자기의 사례를 찾아내기 위해서는 우리의 두뇌는 더 많은 계곡을 찾아 헤맨다. 그 과정을 통해 성장하는 것이 독서의 힘이다.

인생에서 뭐든 제대로 알기 위해서는 피나는 노력이 필요한 법이다. 그런 노력이 없이 기량향상을 기대하는 것은 로또 복권당첨을 기다리는 것과 같지 않을까?

책을 읽다가 바쁜 일로 덮어두었다가 읽는 경우가 더러 있다. 어려운 책들은 단번에 읽는다 하더라도 무슨 소린지 모를 경우가 많은데, 며칠 쉬다가 다시 보게 되는 경우라면 앞에 내용이 무엇이었는지 도대체 알 수가 없게 된다. 그럴 경우 대부분 책읽기를 포기할 가능성이 많다. 독서가라면 누구나 경험했을 중요한 순간이다. 자칫하면 독서에 대해 부정적인 감정을 갖기 쉬운 환경이 된다. 이런 때에는 단락이 끝나는 여백에 앞부분의 핵심내용이나 흐름을 도식화해서 정리하는 습관을 가지면 책읽기가 한결 수월해진다. 그런 작업이 반복되면 책을 읽다가 바쁜 일로 덮어두더라도 스트레스가 되지 않는다.

중간요약을 하는 책읽기는 체계적으로 정리하는 능력을 길러주고, 책 전체를 분석할 수 있는 안목을 길러준다.

사진 11은 레스트 C.서로우 교수가 적은 『세계화 이후의 부의 지배』라는 책이다. 세계적 석학인 경제학자의 관점에서 세계화를 진단하고 해석한 책이라 관련 분야의 기초지식이 없이는 소화하기 힘든 책이기도 하다. 바쁜 강의일정으로 출장을 마치고 일주일 만에 돌아와 책을 잡고 9장부터 읽으려 하니 도대체 무슨 소리인지 연결고리를 알 수 없었다. 진도를 나가야 한다는 강박에서 벗어나 다시 서문부터 8장까지의 핵심내용을 여백이 많이 남은 곳에 정리하기 시작했다. 평소에 실천독서법이 잘 되어 있었기에 핵

사진11

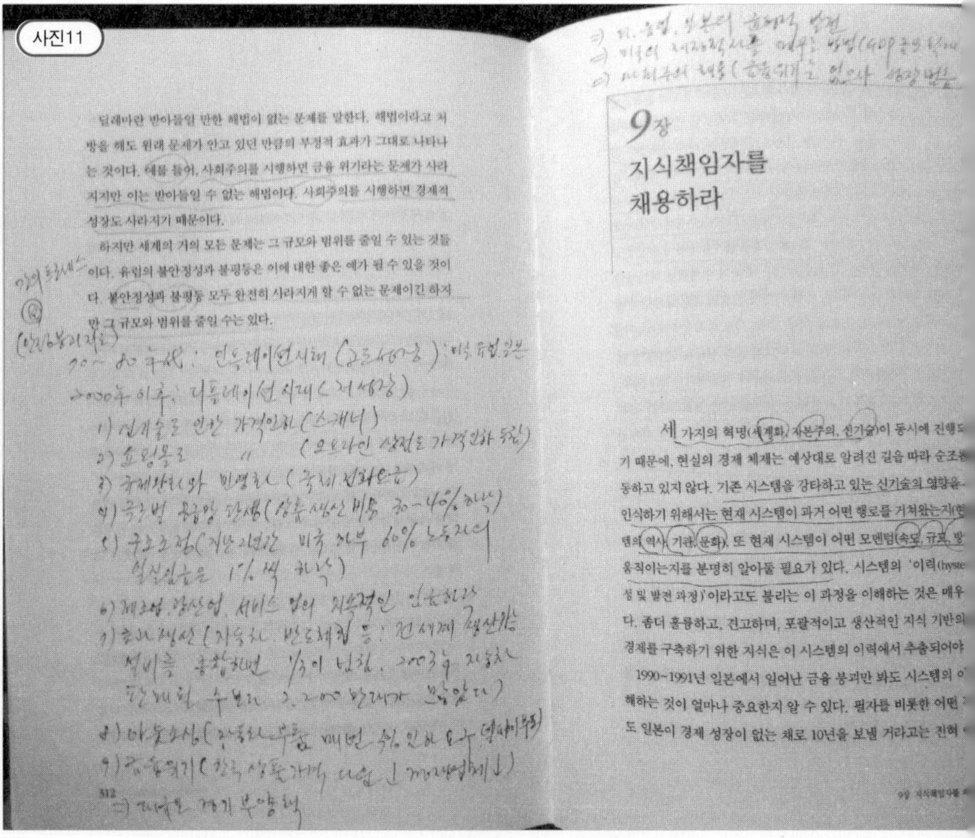
딜레마란 받아들일 만한 해법이 없는 문제를 말한다. 해법이라고 처방을 해도 원래 문제가 안고 있던 만큼의 부정적 효과가 그대로 나타나는 것이다. 예를 들어, 사회주의를 시행하면 금융 위기라는 문제가 사라지지만 이는 받아들일 수 없는 해법이다. 사회주의를 시행하면 경제적 성장도 사라지기 때문이다.

하지만 세계의 거의 모든 문제는 그 규모와 범위를 줄일 수 있는 것들이다. 유럽의 불안정성과 불평등은 이에 대한 좋은 예가 될 수 있을 것이다. 불안정성과 불평등 모두 완전히 사라지게 할 수 없는 문제이긴 하지만 그 규모와 범위를 줄일 수는 있다.

512

9장
지식책임자를
채용하라

세 가지의 혁명(세계화, 자본주의, 신기술)이 동시에 진행되
기 때문에, 현실의 경제 체제는 예상대로 알려진 길을 따라 순조
동하고 있지 않다. 기존 시스템을 강타하고 있는 신기술의 영향을
인식하기 위해서는 현재 시스템이 과거 어떤 행로를 거쳐왔는지(현
템의 역사, 기관, 문화), 또 현재 시스템이 어떤 모멘텀(속도, 규모, 방
움직이는지를 분명히 알아둘 필요가 있다. 시스템의 '이력(hyste
성 및 발전 과정)'이라고도 불리는 이 과정을 이해하는 것은 매우
다. 좀더 훌륭하고, 견고하며, 포괄적이고 생산적인 지식 기반의
경제를 구축하기 위한 지식은 이 시스템의 이력에서 추출되어야

1990~1991년 일본에서 일어난 금융 붕괴만 봐도 시스템의 이
해하는 것이 얼마나 중요한지 알 수 있다. 필자를 비롯한 어떤
도 일본이 경제 성장이 없는 채로 10년을 보낼 거라고는 전혀

심내용을 정리하는데 30분이면 족했다. 그리고 9장부터 다시 책을 읽어나갔다.

책을 읽다보면 이런 경우가 종종 발생한다. 특히 모르는 분야를 새롭게 도전할 때는 더욱 그렇다. 이럴 경우 시간에 쫓기지 말고 차근차근 기초부터 배워나간다면 아주 특수한 분야가 아니라면 자신이 원하는 수준의 상식에 도달하는 데 무리가 없을 것이다.

예를 들어 세계화가 화두이기 때문에 세계화를 제대로 이해하는 것이 모든 사람에게 중요한 문제임에 틀림없다. 그렇다면 여러분은 세계화에 대해 자신만의 관점을 갖기 위해 얼마만큼 노력했는가? 신문이나 뉴스에서 말하는 세계화의 징후에 대해서 듣는 것만으로 사람들이 올바른 선택을 하기는 힘들다. 까닭에 세계화에 대해 어렵지만 끝까지 물고 늘어져야 할 필요가 있다. 일반적인 독자라고 하더라도 세계화를 이해하기 위해서는 아래와 같은 책들을 기본적으로 읽어야 할 것이다.

장하준 교수의 『나쁜 사마리아인들』 또는 『사다리 걷어차기』는 보호무역 등 선진국의 횡포나 사회주의적 관점에서의 세계화를 다룬다. 토머스 프리더만의 『렉서스와 올리브나무』 또는 『세계는 평평하다』는 미국인이나 선진국들의 입장에서 세계화를 다룬다. 위에 언급된 서로우 교수의 『세계화 이후의 부의 지배』는 경제학자의 관점에서 세계화를 다룬다. 권홍우의 『부의 역사』는 유태인의 이동에 따른 부와 세계화의 재편을 다룬다. 신장섭 교수의 『한국경제 패러다임을 바꿔라』는 경제학자의 전망에 대한 오류와 세계화에 대한 정부의 개입 등을 다룬다. 로버트 라이시의 『부유한 노예』는 세계화의 풍요 속에 정신적으로 빈곤해진 현대인의 질주에 대해 성찰을 다룬다. 이외에도 세계화에 대해 다양한 책들이 있다.

우리는 다양한 책을 통해 다양한 관점을 접함으로써 자신만의 관점을 만들 수 있다. 만약 위에 언급된 한권의 책만을 읽고서 세계화에 대해 말한다면 장님 코끼리 다리 만지기 꼴이 되기 쉽다. 균형 감각이 없는 지식과 지나친 낙관은 스스로를 옭아매는 또 다른 버려야 할 지식이 될 수 있다.

하나를 알더라도 제대로 이해하려는 노력이 더해질 때 사람은 자신이 이해하는 모습보다 더 나은 자신의 모습을 만나게 된다. 이런 점에서 패디먼의 이야기는 울림이 된다.

"독서는 약 처방처럼 당장 효과가 나는 행복을 보장해 주지 않는다. 그러나 한 권 한권 읽어가는 동안에 무엇을 알고 무엇을 모르는지를 스스로 깨닫게 하는데 도움이 된다."

10. 책, 두 번 태어나게 하라

"사람은 책을 만들고, 책은 사람을 만든다."

공공도서관 입구에 적혀있는 감명 깊은 구절이다. 책은 작가가 의해서 한번 태어나고, 독자가 읽어서 다시 태어난다. 책은 늘 온전히 그 자리에 있건만 책을 읽은 사람들이 모두 달라 새로운 사람을 만드는 것이다.

모든 사람은 생각이 다르고, 독서 수준이 다르고, 기질과 장점도 달라 똑같은 책속에서도 전혀 다른 느낌을 만들어내는 것이 독서가 주는 매력이다. 책이 위대한 것도 이 때문이다.

지금 당신이 읽고 있는 책의 작가는 태어날 때부터 작가로 태어난 것일까? 그 또한 책읽기를 통해 만들어진 것임을 인정할 때 우리는 작가에게 훨씬 가까이 다가설 수 있다.

책의 여백에 적는 연습이 자연스러워지면 어느 순간 여백에 적는 것만으로는 지면이 부족함을 느낄지도 모른다. 이쯤 되면 책읽기 수준이 놀라보게 향상되었다는 징조다. 그때가 되면 대학노트를 따로 지참해 주제어를 만들어 글을 적는 연습을 하는 것이 좋다. 아니면 책에서 본 좋은 구절을 필사해도 좋고 필사한 곳에 자신의 생각을 몇 줄 적어본다면 더욱 좋을 것이다.

이 생각이 쌓이면 좋은 원고가 된다. 훌륭한 작가들은 그와 같이 수많은 반복작업을 통해 계속해서 좋은 책을 내는 것이다. 필자 역시 이런 작업을 통해 좀 더 나은 작가로 거듭나기 위한 연습을 매일하고 있다.

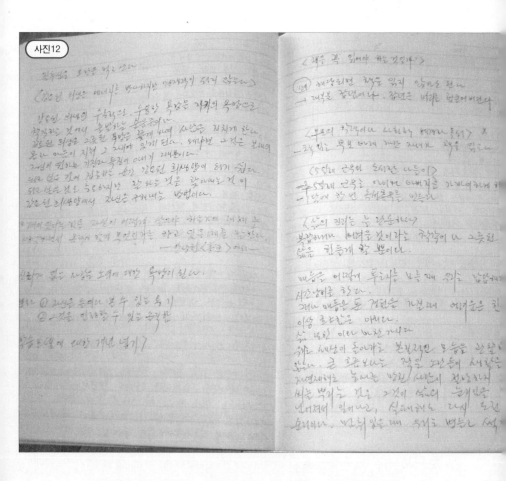

사진12

　　사진 12는 필자가 강의가 없는 날 동네 공공도서관에서 창조적 여백을 적는 노트 중 샘플이다. 독서력이 왕성한 경우 평균 2개월에 1권 분량은 적게 된다.

　　책을 읽지만 말고 칼럼을 적는 연습을 해보는 것도 좋다. 공병호 박사는 매일 200자 원고지 10장 분량의 글을 15년 동안 쉬지 않고 연습했다고 한다. 그리하여 그는 다작하는 작가가 되었다.

이 원고는 단행본 90권을 낼 수 있는 분량의 원고다. 블로그를 이용해도 좋고, 일기장에 적어도 좋다. 칼럼의 핵심은 주제를 잡는 것이다. 주제를 잡고 나면 글감을 만들어내야 한다. 이런 준비를 하면 책읽기가 훨씬 더 체계적이 되고 깊어진다. 적었다면 여러 곳에 기고해 보는 용기를 내는 것이 자기를 혁신하는 실천독서법의 효용을 극대화하는 기회가 된다. 사보도 좋고 신문의 독자투고란도 좋다. 글을 적는 연습은 사물이나 사회를 종합적으로 보게 하는 장점이 된다.

과정을 통해 성장하는 것이 인생이다. 거절을 당하더라도 실망할 필요 없고, 채택이 된다면 더욱 용기를 얻을 것이다. 처음부터 글을 잘 적었던 사람은 이 세상에 아무도 없다. 지속적인 연습만이 좋은 글쟁이를 만든다. 지속적인 노력이 아마와 프로를 가르는 경계선이란 것을 우리는 가끔 잊고 산다.

책을 읽다가 불현듯 가슴에 와 닿는 단어가 있을 것이다. 그럴 경우 대부분 자신이 개념을 따라잡지 못한 것이거나 아니면 평소 자신의 삶에 영향을 미치는 단어다. 그럴 경우 단어를 오래도록 가슴에 품는 것이 좋다. 시간이 지나면 단어와 관련된 여러 현상들을 연결시키는 연습을 하면 생각의 폭이 확대된다. 책을 읽다가 생각의 꼬리들을 적거나 개념을 도식화하는 작업을 하면 더욱 좋다. 새롭게 해석하는 연습을 통해 창의력은 발전된다. 그런 연습이 계속되면 자신이 혼란을 겪는 여러 문제에 대해 다양한 해결책을 얻을 수 있는 힘을 얻는다.

독서 구력이 높아지면 책을 출간하고 싶은 욕심을 갖는 것은 당연하다. 이것은 자신의 족적을 세상에 남길 수 있다는 점에서 가치 있는 투자가 될 것이다.

최근에는 자비출간을 해주는 곳이 많아졌다. 수익을 목적으로 누구나 책을 내는 시대라고 선전하는 곳이 많이 생기다보니 함량 미달인 책이 양산되는 것도 사실이다. 책은 그 사람의 또 다른 자화상이다. 만족 못하는 책을 출간한 경험이 있는 필자로서는 이 부분에서 신중을 기해야 한다고 생각한다.

자신의 철학이나 가치관이 부재한 책, 이곳저곳 짜깁기해서 출간한 책은 자신의 가치를 손상시킨다. 자신의 이미지를 높여줄 수 없는 책은 오히려 자신의 이미지에 도움이 되지 않는다.

한번 세상에 나온 책은 영원히 자신의 몫이 된다. 판매를 목적으로 하지 않고 주변사람들에게 증정용으로 책을 출간한다면 모르겠지만 서점에 배포되는 책을 출간하고자 한다면 책을 내려는 욕심에 앞서 자기의 패턴에 맞는 글쓰기 연습을 하는 것이 더욱 중요하다.

실력이 부족하면 북멘토를 통해 배워야 한다. 그런 후에 책을 낸다면 분명 자신의 삶을 빛나게 하는 족적이 될 것이다. 시간이 중요한 것이 아니라 제대로 된 스승을 만나 피나는 노력을 해야 함을 절대 잊지 말았으면 좋겠다.

굳이 출간을 하지 않더라도 출간을 하려는 마음으로 책을 대하는 것만으로도 목적적 책읽기에 훨씬 도움이 된다. 작가를 분석하

고, 자신에게 맞는 글이 어느 것인지 연구하게 될 것이기 때문이
다. 이런 태도의 책읽기는 책을 보는 눈을 높여주고, 자신을 책 전
문가로 만든다. 읽는 것에 머물지 말고, 감동에 머물지 말고, 비평
을 위한 비평에 머물지 말고, 자신만의 세계를 만들어가는 책읽기
를 하라. 그 목표를 세우는 것만으로도 독서는 자기혁신을 한층
더 끌어올릴 것이다.

명저나 훌륭한 작가들의 책을 읽게 되면 그들의 스승을 발견할
수 있다. 그들은 스승의 책을 통해 책을 두 번 태어나게 한 대표적
인 사람들이다.

요즘 블로그 활동이 대중화되어 일반 독자들이 책을 읽은 소감
을 블로그에 올리는 사례가 늘고 있다. 이때 다른 사람들의 글을
스캔해서 올리기보다는 자신의 목소리로 몇 줄의 글을 적는 연습
을 하는 것이 책을 두 번 태어나게 하는 길이다. 그것이 쌓여갈 때
자기를 혁신하는 실천독서는 자신의 브랜드로 연결될 수 있다.

우리들 주변에 독서를 위한 좋은 방법을 아는 사람은 참 많다. 그렇지만 좋은 방법을 자기 것으로 연결시켜 새로움을 만들어낼 수 있는 사람은 그리 많지 않다.

세계적인 기업 토요타를 배우기 위해 수많은 기업이나 정부 조직의 사람들이 현장을 방문했지만 도요타 WAY가 아니라 자기만의 조직 WAY를 만들어낸 기업은 드물다. 독서 또한 이와 마찬가지란 생각을 한다. 이 책에서 언급한 내용들 또한 독서에 조금만 관심을 가진 사람이라면 쉽게 알 수 있는 내용들이다.

이 시대는 똑똑한 사람을 요구하는 것이 아니라 답이 없는 것을 스스로 찾아 답을 만들어내는 문제해결형 인재를 요구한다. 그런 점에서 『나를 확 바꾸는 실천독서법』은 창조경영의 흐름에 몸을 싣고 미래로 갈 수 있는 하나의 방법이 될 수 있을 것이다.

"스타는 재능으로 가능하지만 슈퍼스타는 재능에 끈기가 더해져야 가능하다."

JYP 박진영 사장의 말이 가슴에 와 닿는다.

성과는 지속적으로 도전하고 실천한 사람만이 갖게 되는 눈물 젖은 빵과 같은 것이다. 이 책에서 배운 방법들을 실천할 때 독자들은 책을 통해 과거의 교양인에 머물지 않고 미래가 요구하는 교양인이 될 수 있을 것이다. 시도를 통해 우리는 자신의 실력을 제대로 파악할 수 있다. 자신의 실력을 알게 될 때 다음 수준의 목표는 자연스럽게 설정될 것이다.

부러움을 가지는 것은 쉽지만 부러움의 대상이 되는 것은 어렵다. 작은 것 하나를 실천할 수 있을 때 부러움은 자신감이 된다. 그 자신감이 오래도록 계속되면 자신이 어느새 다른 사람에게 부러움의 대상이 된다. 처음에 기량 차이는 잘 모른다. 하지만 한번 차이가 벌어지기 시작하면 그 다음에는 기하급수적으로 그 능력에 차이가 나는 것이 실천의 힘이다.

마지막으로 다시 한번 당부 드리고 싶은 건 '스스로가 행동하여 어떻게든 좋은 방향으로 인생을 바꾸고 싶다'고 행동하지 않는 한 특별한 내일은 없다는 것이다.

실천은 없고 아는 것에만 머무는 사람은 지적이라고 칭찬은 받을지 모르지만 자신이 원하는 목적지에 도달하기는 힘들다. 따라하는 것도 경쟁력이다. 여러분들도 1년만이라도 따라해 보기를 진심으로 당부한다. 그 과정을 통해 스스로 독서 전문가가 되어있을 여러분을 그려보길 바란다.